dtv

Als Marcello Mastroianni im Dezember 1996 starb, wurde mit ihm eine ganze Epoche zu Grabe getragen. Mastroianni, das Alter ego Fellinis, verkörperte jahrzehntelang nicht nur einen bestimmten Typ des italienischen Mannes, sondern stand stellvertretend für den italienischen Film. In diesem Buch, das 1996 während der Dreharbeiten zu seinem letzten Film unter der Regie von Manoel de Oliveira entstand, erzählt der große Schauspieler von seinen persönlichen Vorlieben, seiner Karriere, seinen Rollen, von Regisseuren, Filmen und dem – für ihn – ärgerlichen Ruf, der Latin lover schlechthin zu sein. Die Anekdoten, Geschichten und Impressionen fügen sich zu einem farbigen Erinnerungsbild und zeigen erneut: Marcello Mastroianni, der so oft den kleinen Mann verkörperte, war von einer erstaunlichen Bescheidenheit und besaß umwerfenden Charme.

Marcello Mastroianni, geboren 1924, wurde mit Fellinis ›La dolce vita‹ (1960) weltberühmt. Er spielte u. a. in Filmen von Visconti, Scola, De Sica, Malle und Antonioni. Er starb am 19. 12. 1996 in Paris.

Marcello Mastroianni

Ja, ich erinnere mich

Herausgegeben von Francesco Tatò

Aus dem Italienischen von
Karin Fleischanderl

Deutscher Taschenbuch Verlag

Ungekürzte Ausgabe
Januar 2000
Deutscher Taschenbuch Verlag GmbH & Co. KG, München

Titel der italienischen Originalausgabe:
Mi ricordo, si, io mi ricordo

ISBN 3-552-04882-0
Umschlagkonzept: Balk & Brumshagen
Umschlagfoto: © Reinhard-Archiv/Ullstein Bilderdienst, Berlin
Satz: Filmsatz Schröter GmbH, München
Druck und Bindung: C. H. Beck'sche Buchdruckerei, Nördlingen
Gedruckt auf säurefreiem, chlorfrei gebleichtem Papier
Printed in Germany · ISBN 3-423-20296-3

Vorbemerkung

Ja, ich erinnere mich entstand im September 1996 im Norden Portugals, wo Marcello Mastroianni einen Film unter der Regie von Manoel de Oliveira drehte. Der große Schauspieler hatte Gelegenheit, das ganze Material durchzusehen; er hat auch den Titel gewählt. Dieses Buch gibt den Originalton wortgetreu wieder.

© *Vincenzo Falsaperla*

Wie ein alter Elefant

Ich erinnere mich an einen großen Mispelbaum.

Ich erinnere mich, wie erstaunt und fasziniert ich war, als ich in New York bei Sonnenuntergang die Wolkenkratzer an der Park Avenue betrachtete.

Ich erinnere mich an eine Aluminiumpfanne ohne Stiel. Meine Mutter briet darin Spiegeleier.

Ich erinnere mich an die Stimme Rabagliatis aus dem Lautsprecher eines großen Plattenspielers. Er singt: *»E tic e tac – cos'è che batte – è l'orologio del cuor.«*

Ich erinnere mich an Clark Gable als ganz jungen Mann, in Schwarzweiß, von hinten: dann dreht er sich um und lächelt – so. Ein unwiderstehlicher Spitzbube. Welcher Film das war? Vielleicht *Es geschah in einer Nacht.*

Ich erinnere mich an die Tischlerei, die meinem Großvater und meinem Vater gehörte. Mein Großvater fertigt einen Sessel an. Ich erinnere mich an den Geruch des Holzes, ach, der Geruch des Holzes!

Ich erinnere mich an die Uniformen der Deutschen. Ich erinnere mich an die Evakuierten.

Ich erinnere mich, daß ich einmal geträumt habe, ich wohnte in einem Luftschiff. Vielleicht war es aber auch ein Raumschiff.

Ich erinnere mich an H. G. Wells, Simenon, Ray Bradbury.

Ich erinnere mich an die farbigen Illustrationen aus *La Domenica del Corriere.* Und auch an *Flash Gordon.*

Ich erinnere mich, daß Fellini mich Snaporaz nannte.

Ich erinnere mich an meine ersten Ferien im Zeltlager.

Ich erinnere mich an Tschechow, vor allem an Hauptmann Soleni aus den *Drei Schwestern,* der »putt, putt, putt« macht.

Ich erinnere mich, wie ich zum erstenmal die Berge und den Schnee gesehen habe und wie aufgeregt ich dabei war.

Ich erinnere mich an die Melodie von *Stardust.* Es war vor dem Krieg. Ich tanzte mit einem Mädchen, das ein geblümtes Kleid trug.

Ich erinnere mich an die Pferde auf dem alten Werbeplakat von Peroni-Bier.

Ich erinnere mich sehr gut an den Geschmack und an den Geruch von Kichererbsensuppe. Und ich erinnere mich, daß wir am Weihnachtsabend Lotto spielten.

Ich erinnere mich an das schreckliche Dröhnen der *Liberators,* der amerikanischen Flugzeuge, die die ersten Bomben auf Rom abwarfen.

Ich erinnere mich an die elegante Leichtfüßigkeit Fred Astaires.

Ich erinnere mich, wie der erste Mensch in Zeitlupe den Mond betrat. Aber wo war ich?

Ich erinnere mich, daß ich in Turin zum erstenmal im Kino war. *Ben Hur* mit Ramon Novarro. Ich war sechs Jahre alt.

Ich erinnere mich an Paris, als meine Tochter Chiara zur Welt kam.

Ich erinnere mich an die Reiskroketten. Jeden Tag konnte man sie sich allerdings nicht leisten. Sie kosteten vierzig Centesimi.

Ich erinnere mich an meinen ersten Herrenhut: Modell Saratoga.

Ich erinnere mich an die Stummfilme von Charlie Chaplin.

Ich erinnere mich an meinen Bruder Ruggero.

Ich erinnere mich, daß Cicero hundertsechs vor Christus geboren wurde, zweitausendeinhundertzweiundzwanzig Jahre vor mir; aber nur ein paar Schritte von meinem Zuhause in Arpino entfernt. Mein Großvater war stolz darauf und zitierte gern unseren Mitbürger: »Vitam regit fortuna, non sapientia«, sagte er zu mir. Dann seufzte er: »Ach ja, das Glück beherrscht das Leben, nicht die Weisheit.«

Ich erinnere mich an einen Sommerabend, an dem es nach Regen roch.

Ich erinnere mich an die Abenteuer des Odysseus: »Melde den Mann mir, Muse, den Vielgewandten …«

Ich erinnere mich an Cassius Clay (genannt »Das Großmaul«) in New York gegen Frazer.

Ich erinnere mich an den schönen weißhaarigen Kopf des Architekten Ridolfi, der mein Professor in Bauzeichnen war.

Ich erinnere mich an die ersten Zeichnungen meiner Tochter Barbara.

Ich erinnere mich an mein Vorhaben, den Tiber anzuheben und darunter eine Straße zu bauen.

Ich erinnere mich, wie Greta Garbo auf meine Schuhe blickte und sagte: »Italian shoes?«

Ich erinnere mich an meine erste Zigarette. Sie war, erinnere ich mich, aus den Haaren eines Maiskolbens gemacht.

Ich erinnere mich an die Hände meines Onkels Umberto, Hände, so stark wie Zangen, Bildhauerhände.

Ich erinnere mich, wie im Restaurant *Chez Maxim* plötzlich alle verstummten, als Gary Cooper im weißen Smoking erschien.

Ich erinnere mich an einen kleinen Bahnhof und an das Rattern der Züge. Ich erinnere mich an die Kassiererin in der Bahnhofsbar. Die Kasse machte »Kling-kling. Kling-kling!« »Die Rechnung!«

Ich erinnere mich an Marilyn Monroe.

Mein erstes Auto war, erinnere ich mich, ein Topolino, und zwar ein Kombi.

Ich weiß nicht, warum ich mich an diesen dummen Kindervers erinnere: *»Oh quante belle figlie Madama Doré, oh quante belle figlie.«*

Ich erinnere mich an die Glühwürmchen, die es nicht mehr gibt.

Ich erinnere mich an den Schnee auf dem Roten Platz in Moskau.

Ich erinnere mich an einen Traum, in dem mich jemand auffordert, ich solle die Erinnerungen aus meinem Elternhaus mitnehmen.

Ich erinnere mich an eine Zugreise während des Krieges: Der Zug fährt in einen Tunnel; es wird stockfinster, und in diesem Augenblick, während alles ganz still ist, küßt mich eine Unbekannte auf den Mund.

Ich erinnere mich, gesehen zu haben, wie eine große Anzahl von Kurden ihr Land verläßt, wie beim Auszug aus Ägypten; ich erinnere mich daran, daß ich die Brutalität vieler sinnlos brutaler Bilder nicht vergessen darf.

Ich erinnere mich, in Jerusalem das Gefühl gehabt zu haben, Stille und Licht würden wie mystischer Dunst über der Stadt liegen.

Ich erinnere mich an den Wunsch, zu sehen, wie diese Welt im Jahr zweitausend aussieht, was dann passiert, und mich dann wie ein alter Elefant an alles zu erinnern, ja, ich war nämlich – erinnere ich mich – immer neugierig, sehr neugierig!

Und dann erinnere ich mich auch noch daran, wie wir Eidechsen jagten – meine Schleuder!

Ich erinnere mich an die erste Liebesnacht.

Ich erinnere mich, ja, ich erinnere mich …

Sehnsucht nach der Zukunft

Als Kind erscheinen einem die Länder, die man nur aus der Phantasie kennt, immer schöner und geheimnisvoller und geradezu wirklicher als die Städte, in denen man lebt. Vielleicht bleibt die große Faszination des Reisens immer an diese Art phantastischer Perspektive gebunden, aufgrund deren die fernen Orte zugleich geheimnisvoller und wirklicher sind als die, die wir täglich vor Augen haben.
Wie es bei Proust heißt, sind »die verlorenen Paradiese die schönsten Paradiese«. Das ist ein zu Recht berühmter Satz. Ich erlaube mir hinzuzufügen, daß es vielleicht Paradiese gibt, die noch verlockender sind als die verlorenen: die nämlich, die wir noch nie gesehen haben, die Orte und Abenteuer, die wir uns dort vorstellen – die nicht hinter uns liegen, wie die verlorenen Paradiese, um die wir trauern, sondern vor uns, in einer Zukunft, die wir vielleicht eines Tages erleben und erfahren werden, wie in einem Traum, der wahr geworden ist.
Wer weiß, vielleicht liegt der Reiz des Reisens in diesem Zauber, in dieser paradoxen Sehnsucht nach der Zukunft. Sie veranlaßt uns, uns vorzustellen – oder vorzumachen –, wir würden uns auf eine Reise begeben und auf einem unbekannten Bahnhof irgend etwas entdecken, was unser Leben verändert.
Vielleicht hört man erst dann wirklich auf, jung zu sein, wenn man nur noch die verlorenen Paradiese liebt und ihnen nachtrauert.

Tourist der Luxusklasse

Inzwischen habe ich mehr als hundertsiebzig Filme gedreht, aber ich habe immer noch Lust auf neue Erfahrungen. Wie auf diese hier in den Bergen Portugals.
Die Vorstellung, sich beim Filmen auf keine Wagnisse mehr einzulassen – in die »Fabrik zu gehen«, wie ich es nenne: mit einem Wort, ins Studio, Cinecittà, wo es gewiß mehr Komfort gibt, alles ruhiger, bequemer ist ... Ich weiß nicht, aber mit der Zeit bin ich mir immer mehr vorgekommen wie ein Angestellter, der jeden Morgen ins Büro geht. Und so nehme ich seit nunmehr vielen Jahren Angebote an, die mir erlauben herumzureisen.
Auch das ist ein Privileg meines Berufes: Wen sonst verschlägt es an einen Ort wie diesen? Welcher Tourist käme auf die Idee, seinen Urlaub in diesen wunderbaren Bergen zu verbringen? Beim Drehen gelangt man an Orte, die einem kein Tourismusverband empfehlen würde. Und zwar als Tourist der Luxusklasse, wie ich gestehen muß, denn kein Tourist, auch wenn er noch so reich und berühmt ist, hat je Gelegenheit, das Wesen eines Landes, eines Volkes, so gut kennenzulernen. Auch wenn es sprachlich Verständigungsschwierigkeiten gibt, letzten Endes versteht man sich doch immer. Und dann besucht man die Menschen in ihren Häusern, sieht und tut Dinge, die nicht einmal ein Staatspräsident sehen und tun darf.

Churchills Bett; ein Kaiserschnitt

Bei Dreharbeiten zu einem englischen Film verschlug es mich in ein Schloß in der Umgebung Londons: Winston Churchill war dort zur Welt gekommen. Wie viele englische Schlösser hatte man auch dieses inzwischen zu einem Museum umgestaltet, und um es zu betreten, mußte man Eintritt bezahlen.
Churchills Bett stand in dem Zimmer, in dem er zur Welt gekommen war – hinter der üblichen roten Schnur, die neugierige Besucher abhalten soll. In diesen Tagen hatte jedoch das Filmteam das Schloß in Beschlag genommen. Gut. Um es kurz zu machen, nach zwei oder drei Tagen schlief ich bereits in diesem Bett.
Sicher, das Ganze klingt vielleicht ordinär (und der Film hat ja auch tatsächlich seine brutalen Seiten). Aber andererseits, welchen Schaden habe ich dem Bett zugefügt? Churchill wurde darin geboren, und dann hat Mastroianni darin geschlafen.

Die zweite Anekdote liegt mehr als dreißig Jahre zurück, als ich – bei den Dreharbeiten zu einem Film, in dem ich einen Arzt spielte – ein paar Monate in einem römischen Krankenhaus verbrachte. Ich befreundete mich mit ein paar echten Ärzten, und eines Tages fragte mich einer von ihnen, ob ich je einen Kaiserschnitt gesehen hätte. Natürlich sagte ich nein. Und er: »Möchtest du bei einem dabeisein?« »Warum nicht?« Ich erinnere mich, daß ich gerade eine Zigarette in der Hand hielt und mich nach einem Aschenbecher umsah. »Los, komm«, sagte der junge Arzt zu mir, »es passiert sowieso nichts; nichts im Vergleich zum Krieg.«

Und so war ich an diesem Tag bei einem Kaiserschnitt dabei. Wirklich beeindruckend. Ich meine: Wen sonst läßt man sogar in einen Operationssaal hinein?

Das große Museum

Ich habe im Kongo gedreht, in Brasilien, Algerien, Marokko, Ungarn – Budapest ist eine wunderbare Stadt, aber der Film ist mißglückt. Na und? Einen schlechten Film sieht niemand, aber in Budapest war es sehr schön: Wann sonst hätte ich Gelegenheit gehabt, zwei Monate dort zu leben?
In Argentinien habe ich einen Film unter der Regie von Maria Luisa Bemberg gedreht (in dem ich eine Zwergin heirate, eine echte Zwergin! Das habe ich unter anderem auch deshalb getan, um dieses dumme Image des *Latin lover* loszuwerden ...).
Drei Filme in London, einen davon mit John Boorman, einem großen Regisseur: *Leo der letzte*, ein guter Film, der ein Flop wurde, obwohl Boorman in Cannes dafür einen Preis für die beste Regie erhielt. (Übrigens: Aus *Leo der letzte* stammt ein Zitat, das, wenn ich mir's recht überlege, auch ein bißchen auf mich zutreffen könnte: »Ich liebe auf *long distance*«, also per Ferngespräch, per Telefon. Auf diese Weise bleibt man zwar in Kontakt, aber es ist auch ziemlich abstrakt.) Eine schöne Stadt, London, aber zu monoton: die Häuser, die alle gleich aussehen, mit den beiden Säulen, der Haustür, dem Balkon im ersten Stockwerk ... Ich habe auch in Berlin gearbeitet; und natürlich sehr viel in Frankreich. In Rußland habe ich zwei Filme gedreht, wir haben alle sehr gefroren ...
Diese Abenteuer habe ich immer erlebt, als wären es Erzählungen, Märchen, mit mir als Protagonisten, also als jemandem, der ein großes Privileg genießt.
Andererseits muß ich leider gestehen, daß ich abgesehen von meinem Beruf keine großen Interessen habe. Das ist

eine meiner Schwächen. In geistiger, kultureller Hinsicht bin ich nicht sehr bewandert. Ich habe nie Lust, ins Kino zu gehen oder ins Theater – wo einzig und allein der Schauspieler Spaß hat; er befriedigt sein Bedürfnis, sich zu produzieren. Wem aber kommt nicht das Gähnen, wenn er stundenlang dasitzen muß?

Von den Museen ganz zu schweigen, die kann ich nicht leiden, ich langweile mich dort. Mein großes Museum besteht aus den Orten, an denen ich drehe. Deshalb halte ich mehr denn je nach Filmen Ausschau, bei denen ich reisen kann.

Wie in einem Ei

Und nicht nur im Ausland, sondern auch in Italien. Wenn ich zwischen einem Film in Civitavecchia und einem in Rom wählen kann, entscheide ich mich für Civitavecchia. Warum? Weil ich Rom gut kenne; in Civitavecchia hingegen glaube ich schon dem Alltag zu entkommen. Mit einem Wort, Tapetenwechsel.

Ich bin in vielerlei Hinsicht faul und auch ein wenig feig, wenn es darum geht, sich bestimmten Situationen zu stellen oder bestimmte Entscheidungen zu treffen. (Und es war mir immer recht, als faul zu gelten, so hat man mich in Ruhe gelassen.) Andererseits verspüre ich eine Art motorische Unruhe, die mich veranlaßt, ständig zu reisen.

Hier in diesen Bergen bin ich glücklich. Gestern hat es geregnet, vorgestern auch. Und wir haben gewartet, im Wohnwagen, im Auto, in einer Bar. Das Ganze hat etwas Abenteuerliches an sich – sicher, es ist ein wenig kindisch; aber die Tatsache, daß wir Märchen erfinden, trotz der brutalen Wirklichkeit um uns herum …

Was für ein Privileg, noch dazu in der heutigen Welt, in einer uneinnehmbaren Festung zu leben: die Menschen draußen bringen sich um, werfen Bomben, vergewaltigen – und wir innerhalb dieser Mauern erzählen noch immer Märchen, manchmal sentimentale, manchmal auch tragische, aber jedenfalls erfundene Geschichten. Was für ein Gefühl der Geborgenheit: wie in einem Ei.

Die Festung der Träume

C*inecittà*: ein mythischer Name, eine uneinnehmbare Festung! Ein Hort der Träume. Fellini hat in seinem Film *Intervista* ein schönes Bild dafür gefunden: die blaue Straßenbahn, die vom Bahnhof nach Cinecittà fährt. Ich habe auch

Tod eines Handlungsreisenden *von Arthur Miller. Teatro Eliseo, Rom 1951. Regie Luchino Visconti.*

in einem Film gespielt, einem der ersten von Dino Risi, der *Il viale della speranza* hieß und genau von dieser Straßenbahn und uns hoffnungsvollen jungen Leuten handelte.
Mit elf Jahren bekam ich meine erste Komparsenrolle. Ich hatte Glück, denn die Familie meiner besten Freunde – die Familie Di Mauro – besaß eine Kantine in Cinecittà. Damals gab es drei Kantinen: eine für die Künstler, eine für die Techniker, eine für die Arbeiter. Frau Di Mauro beschaffte mir jahrelang Passierscheine, die man brauchte, um als Komparse aufzutreten, denn ohne durfte man Cinecittà nicht betreten. Pappalardo, der Portier, war eine Art Bluthund, der niemanden hineinließ, der keinen Passierschein hatte.
Ich debütierte also in Cinecittà in einem Film mit Beniamino Gigli: *Marionette.* Ich trat in einer Szene auf, in der ein Weinlesefest in einem Dorf gefilmt wurde; ich nahm auch meine Mutter mit. Wir feierten die ganze Nacht, aßen eine Unmenge von Weintrauben (ich glaube, am Tag darauf war uns sogar schlecht), und im Morgengrauen gaben sie jedem von uns zehn Lire.
Es war also nicht nur ein Spiel oder der Traum, diesen Beruf auszuüben. Wir taten es auch deshalb, weil wir so arm waren, daß wir etwas dazuverdienen mußten. Ich möchte nichts dramatisieren, aber ich glaube, achtzig Prozent der Italiener waren so arm, daß sie jedem Groschen nachlaufen mußten.

Pause mit Vesperkörbchen

Übrigens: wissen Sie, was ein Vesperkörbchen ist? Tja, in Cinecittà ist das Vesperkörbchen wirklich der Inbegriff des Kinos. In der Pause warten alle darauf, und es kommt immer zu spät. Dabei ist das einzig Gute in diesem Körbchen der Käse.
Wir Italiener haben Filme von Weltrang gedreht, und dennoch sind wir das einzige Land auf der Welt, in dem noch Vesperkörbchen verteilt werden, so wie man sie früher am Bahnhof kaufte, vom Zugfenster aus.

Der anonyme Komparse

Nach meinem »Debüt« in *Marionette* sorgte Frau Di Mauro dafür, daß ich im Sommer nach Schulschluß immer wieder Komparsenrollen bekam.
Ich erinnere mich noch gut an einen Film mit Assia Noris; ich und der große Star Assia Noris in einem Lift ... Ich zitterte am ganzen Körper vor Aufregung.
Ich erinnere mich auch noch an einen anderen Film, *I pirati di Mompracem,* glaube ich, nach einer Geschichte von Salgari. Der Hauptdarsteller war Massimo Girotti, ein sehr schöner, stattlicher Mann. Die Szene spielte in einer Taverne, und ich war einer der Thugs. Um fünf Uhr morgens schminkte man uns mit Eichenerde, damit unsere Haut aussah wie die von Indern, und wir bekamen einen Kris, einen Dolch mit gewundener Klinge. Massimo Girotti hätte etwas sagen sollen, athletisch auf einen Tisch springen und aus der Taverne flüchten sollen, aber er schaffte es nicht. »Halt!« sagte der Regisseur. »Bringt Herrn Girotti einen Orangensaft.« Und ich: »Wieso? Anstatt ihm einen Tritt in den Hintern zu geben, weil er nicht einmal seinen Text sprechen kann, geben Sie ihm einen Orangensaft?« Viele Jahre später lernte ich Massimo am Theater kennen: Er hat sehr gelacht, als ich ihm diese Episode erzählte.
Mit einer Lanze und schon wieder in Unterhosen trat ich auch in *Corona di ferro* von Blasetti auf. Als ich viele Jahre später, wiederum mit Blasetti, *Schade, daß du eine Kanaille bist* drehte, sagte ich zu ihm: »Du hast wirklich nicht das Auge eines Regisseurs.« »Was soll das heißen?« Blasetti nahm sich alles zu Herzen, aber meine Erklärung brachte ihn zum Lachen: »Als du *Corona di ferro* gedreht hast, war ich ein

Komparse mit einer riesigen Lanze; aber du hast mich nicht bemerkt, du hast mich erst fünfzehn Jahre später ›entdeckt‹.«

Wie viele Anekdoten, wie viele Erinnerungen! Man bräuchte Tage, um über diese Karriere zu sprechen … oder wie soll ich es sonst bezeichnen? Liebe zu diesem Beruf?

»Ist gut, danke, Commendatore«

De Sica! Die Erinnerung an ihn geht mir nahe, weil sie so etwas Unschuldiges hat – und auch, weil ich ihm wirklich auf die Nerven gegangen bin.

Dazu muß ich sagen, daß meine Mutter als junges Mädchen als Stenotypistin bei der Banca d'Italia gearbeitet hatte; und ihre Freundin, ebenfalls eine Stenotypistin, war Frau Maria – die Schwester von Vittorio De Sica! Das muß man sich mal vorstellen! Ich wollte ja Schauspieler werden, und so sagte ich hin und wieder zu meiner Mutter: »Mama, gehen wir Frau Maria besuchen (sie wohnte in Parioli), damit sie mir ein Kärtchen für ihren Bruder schreibt.« Also gingen wir hin.

Der Besuch, Kaffee und so weiter. Und jedesmal schrieb mir diese Frau mit ungeheurer Geduld auf ein Kärtchen: »Der Sohn einer lieben Freundin von mir« und so weiter. Und ich tauchte regelmäßig bei De Sicas Dreharbeiten auf und stellte mich ihm vor, in der Pause. »Entschuldigen Sie, Commendatore, Ihre Schwester ...« Und De Sica sagte jedesmal: »Aber mein Sohn« – ich war damals fünfzehn –, »du mußt zur Schule gehen und lernen! Du wirst schon sehen, eines Tages ... Aber jetzt geh lernen.« »Ist gut, danke, Commendatore.« Drei Monate später war ich wieder da. Das habe ich jahrelang so gemacht.

Der arme De Sica, ich verehrte ihn: und später, als ich mit ihm arbeitete, noch mehr.

Vom ersten zum hundertsiebzigsten (und darüber hinaus)

Der erste Film, in dem ich wirklich gespielt habe, hieß *Contro la legge.* Regie führte Flavio Calzavara, und wir waren lauter Anfänger. Ich würde sogar sagen, es handelte sich um den ersten Versuch, einen Film auf genossenschaftlicher Basis zu realisieren. Wir erhielten kein Honorar, nichts. Mit dabei waren Buazzelli, Paolo Panelli, Fulvia Mammi, ich, Gusoni … Sie hatten alle die Accademia d'Arte Drammatica absolviert, ich kam vom Centro Universitario Teatrale. Der Film war gar nicht schlecht.

Aufstand im Inselparadies, *Italien / Spanien 1954.*
Regie: Paolo Moffa. Mit Silvana Pampanini.

Dann machte ich einmal sogar etwas Exotisches: *Bringt ihn lebend...*, in Afrika, im Kongo.
Ach, *Aufstand im Inselparadies,* mit der sympathischen Silvana Pampanini als Prinzessin. Silvana sah aus wie eine Rothaut; jeden Morgen kam sie bereits fertig angezogen und geschminkt an und fragte den Regisseur Paolo Moffa (der »Regisseur« geworden war, weil er den spanischen Regisseur davongejagt hatte): »Paolo, wirke ich königlich?« »Haha«, sagte Moffa. So verbrachte ich zwei oder drei Monate auf den Kanarischen Inseln, im August, in einem Christoph-Kolumbus-Kostüm. Ich hatte immer schon dünne Beine, und deshalb mußte ich sogar die hautenge Samthose, die bis zur Mitte der Schenkel reichte, ausstopfen. Eine schreckliche Hitze! Und dann die Waffen, die Pferde, lauter Sachen, für die ich mich noch nie begeistern konnte. Noch dazu hatten die Pferde (die ich der »Prinzessin« als Geschenk des spanischen Königs bringen mußte) weder Schweif noch Mähne, weshalb man Schnüre wickeln und daraus falsche Schweife, falsche Mähnen machen mußte – zum Verzweifeln!

Sonntag; Hunde; Väter; Unbekannte

Zwei Regisseure waren am Anfang meiner Filmkarriere sehr wichtig für mich.

Luciano Emmer mit *Ein Sonntag im August,* einem Film, der auch im Ausland großen Erfolg hatte. Und dann Mario Monicelli, der damals mit Steno zusammenarbeitete.

Mit Monicelli drehte ich *Ein Hundeleben;* und danach eine wunderbare Episode für *Väter und Söhne,* einen Episodenfilm: Darin schloß ich, als einziger Nicht-Vater, einen kleinen Neffen ins Herz, der mir dann wieder weggenommen wurde, weil er zu seinen Eltern zurückmußte. Diese Episode, gewiß die beste im ganzen Film, war abgrundtief traurig. Mit Monicelli habe ich noch viele andere Filme gedreht.

Zum Beispiel *Diebe haben's schwer.* Eigentlich wurde der Film nur deshalb gedreht, weil man die Filmbauten aus *Weiße Nächte* weiterverwenden wollte, den ich mit Visconti gedreht und der ein Vermögen gekostet hatte. Doch dann drehten wir nie im Studio, mit den Bauten aus *Weiße Nächte.* In *Diebe haben's schwer* offenbarte sich Gassmans überwältigendes komisches Talent – was mich nicht überraschte, denn ich hatte mit Gassman bereits am Theater gearbeitet und kannte seinen Witz, er war gar nicht so ernst und streng, wie ihn sich viele Leute vielleicht vorstellten. Der Film war sehr erfolgreich. Die Amerikaner haben zweimal versucht, ein Remake zu drehen, haben aber den Erfolg nicht wiederholen können. Das ist nicht einmal uns gelungen, als wir mit Monicellis Hilfe *Big Deal – Diebe haben's schwer* gedreht haben. Aber »Nachfolgefilme« kommen eben nie an die Vorgänger heran.

Die Peitsche im Genick *(I compagni), Italien / Frankreich 1963. Regie: Mario Monicelli.*

Dann kam Monicellis »Meisterwerk«: *Die Peitsche im Genick*, die Geschichte eines der ersten Streiks im Piemont. Arme, unwissende Arbeiter, die von einem verrückten idealistischen Sozialisten – Professor Sinigallia – aufgehetzt und angeführt werden. Der ist ein gefährlicher Rattenfänger, der mit seinen verrückten Ideen ein schönes Durcheinander anrichtet und letzten Endes sogar einen Mord ver-

schuldet. Der Film wurde ein Flop. Ich erinnere mich jedoch, daß einmal in New York, als ich in der Hotelhalle auf jemanden wartete, ein Amerikaner aus dem Lift trat und zu mir sagte: »Mr. Mastroianni, *The Organizer!* Fantastic! I'm a socialist!« *The Organizer* war der amerikanische Titel von *Die Peitsche im Genick*. Ein wunderbarer Film. Er wirkt wie ein Dokumentarfilm aus jener Zeit, Ende des neunzehnten Jahrhunderts, so außergewöhnlich wahrhaftig ist er.
Ich bin Mario Monicelli zu großem Dank verpflichtet.

Ein Leben in Klammern

Hin und wieder werde ich gefragt: »Du drehst einen Film nach dem anderen, du machst nie eine Pause. Wann lebst du eigentlich?«

Tja, das ist eine Frage, die ich mir manchmal auch selbst stelle. Wo ist mein normales, wirkliches Leben, das Leben, das mehr oder weniger alle anderen führen? Die Frage klingt vielleicht rhetorisch: Was für ein merkwürdiges Tier ist der Schauspieler, der in eine Figur nach der anderen schlüpft, der erfundene Geschichten erlebt? Wer ist er in Wirklichkeit?

Wenn ich über meine Laufbahn nachdenke, die ich vor mehr als fünfzig Jahren eingeschlagen habe, ist eigentlich alles ziemlich flüchtig, Ergebnis eines »Spiels«, das nichts mit der Wirklichkeit zu tun hat. Damit will ich sagen, daß man in meinem Beruf fast den Eindruck hat, man würde vor dem wirklichen Leben davonlaufen. Man versteckt sich hinter Personen, Geschichten; das Leben allerdings, das wirkliche …

Da fällt mir mein Bruder ein. Ruggero war ein berühmter Cutter, aber er hatte einen anderen Zugang zum Film, er war Techniker, er ließ sich nicht vom Glanz dieses Milieus blenden. Ich gestehe, daß ich ihn oft beneidet habe, um seine Familie, sein »normaleres«, um nicht zu sagen, sein aufrichtigeres Leben. Ich hingegen … Ach ja, es ist, als ob ich immer ein Leben in Klammern geführt hätte, in der Erwartung, daß irgendwann, später, das richtige Leben beginnen würde; aber vielleicht (ohne Übertreibung) hat es nie eines gegeben.

Gewiß hat das mein Verhältnis zu den Menschen beeinträchtigt, die mir wichtig sind: zu Verwandten, Freunden, meiner Frau, meinen Töchtern. Ich bin mir nicht sicher, ob es mir gelungen ist, meine Zuneigung, meine Liebe, wirklich zum Ausdruck zu bringen.

Im Reich der Mythen

Seitdem ich diesen Beruf ausübe, gehe ich nur noch selten ins Kino. Aber als Junge! Wie meine ganze Generation habe auch ich mich von Filmen genährt. Dieser magische, dunkle, geheimnisvolle Saal! Der Lichtstrahl des Projektors, in dem der Rauch der Zigaretten aufstieg. Auch das war etwas Faszinierendes, das es heute nicht mehr gibt. Das Kino war ein Ort der Zerstreuung – aber nein, mehr als Zerstreuung: ins Kino ging man zum Träumen.
Wir gingen fast jeden Nachmittag hin und nahmen das Vesperbrot mit. Damals wurden *zwei* Filme hintereinander gezeigt und dazu die Wochenschau und Mickymaus: Wir gingen um drei hinein, und zum Abendessen kamen wir wieder heraus.
Gary Cooper. Errol Flynn. Clark Gable. Tyrone Power. Lauter Publikumslieblinge! Wir begeisterten uns leidenschaftlich für diese Schauspieler. Wenn wir das Kino verließen, imitierten wir ihre Gesten. *Stage coach*, John Wayne mit der Pistole und wir, die wir versuchten, seinen Gang nachzuahmen.
Und erst die Schauspielerinnen! Solche gibt es heute gar nicht mehr: Greta Garbo, Marlene Dietrich ... Aber um die Wahrheit zu sagen, gefielen mir die beiden gar nicht besonders. Sicher, ich schätzte ihr Können, aber in diesem Alter – mit fünfzehn, sechzehn – war einem das Mädchen von nebenan lieber: und die Schauspielerinnen waren unerreichbare Königinnen.
Aber wir hatten auch *unsere* Stars. Amedeo Nazzari! Ihn liebten wir sehr. Eine beeindruckende Erscheinung. Hin und wieder hieß es, er sei der italienische Errol Flynn, aber

das stimmte nicht. Ich habe mit ihm gearbeitet: ein sehr großzügiger Mensch. Und Anna Magnani, Aldo Fabrizi … außerordentlich. Und erst Totò … wunderbar, großartig!
Wir begeisterten uns für Jean Gabin, Louis Jouvet. Merkwürdig, denn in diesem Alter hätten uns eigentlich Helden wie Gary Cooper oder Clark Gable näher sein sollen. Das französische Kino war schon damals anspruchsvoller, aber wir liebten auch sie. Und auch ein paar deutsche Schauspieler, denn damals gab es die Achse Rom-Berlin und somit Koproduktionen mit Deutschland. Aber an ihre Namen erinnere ich mich nicht.
Ach, wir dürfen Ginger Rogers und Fred Astaire nicht vergessen: damit befinden wir uns allerdings bereits im Reich der Mythen. Bei Fred Astaire kamen einem sogar die Tränen, so außergewöhnlich war dieser Tänzer!
Aber wie soll man die Schönheit der damaligen Filme beschreiben? Oder waren wir vielleicht naiver und ließen uns schon von wenig verzaubern, begeistern?
Wenn ich daran denke, was das Kino, die Breitleinwand für meine Generation bedeutete … Ich frage mich, ob das Kino eine vergleichbare Wirkung auf die junge Generation hat; oder ob es nicht vielleicht vom Fernsehen abgelöst worden ist, dem Kino in Kleinformat, dem ich so gar nichts abgewinnen kann.
Fellini sagte einmal zu mir: »Schau, früher haben wir Marilyn Monroe als Riesin vor uns gesehen; jetzt sehen wir sie am Boden, ganz klein.« Hm. Das ist schon ein Unterschied.

Es wird doch nicht am Alter liegen?

Das Fernsehen ist eine kolossale Erfindung. Es hat uns ermöglicht, die Mondlandung zu sehen.

Aber was, um Himmels willen, machen wir daraus? Wie ist es möglich, daß wir uns nach wie vor diese dummen Spielchen ansehen: »Hallo, wie heißen Sie, woher rufen Sie an? Wer hatte immer eine Hand vorne und eine hinten?« »Napoleon.« »Bravo, Sie haben eine Million gewonnen!«

Und die Shows? Es gibt da eine, die macht mich wahnsinnig, »Spiel ohne Grenzen«, sie muß ein Vermögen kosten. Etwas Dümmeres habe ich noch nie gesehen. Ist es denn möglich, daß die ganze Welt vor der Glotze verblödet ist?

Dabei könnte man ganz außergewöhnliche, wunderbare Sachen machen. Hin und wieder gibt es etwas: einen alten Film, irgendeinen Dokumentarfilm. Statt dessen jede Menge Modeschauen und auf und ab stolzierende Mädchen. Und man spricht über sie, als wären sie, was weiß ich, Greta Garbo, Madame Curie. Die drehen sich bestimmt im Grab um.

Mir reicht's. Es wird doch nicht am Alter liegen? Oder ist das Fernsehen wirklich schwachsinnig?

Ich sehe mir nur Tierfilme an, die gefallen mir sehr. Abgesehen von Vögeln. Vögel lassen mich kalt. Ich spreche von Säugetieren. Vögel und Fische können mir gestohlen bleiben.

Oder Dokumentarfilme über den Krieg. Sie dürfen aber nicht glauben, daß ich ein »Militarist« bin und »Heroisches« liebe. Nein. Diese Dokumentarfilme versetzen mich vielmehr in die Vergangenheit zurück, sie erinnern mich an die Erzählungen meines Vaters über den Ersten Weltkrieg.

Hin und wieder sehe ich zufällig einen Dokumentarfilm aus dieser Zeit, die Filme liefen damals mit anderer Geschwindigkeit, schneller, und es ist faszinierend zuzusehen, wie die Leute ganz schnell gehen. Das gefällt mir sehr.
Mit dem Alter beginnt man unter Schlaflosigkeit zu leiden; Sie werden sagen: »Was hat das mit dem Fernsehen zu tun?« Ich weiß nicht, es ist mir einfach so eingefallen. Wenn ich nicht einschlafen kann, denke ich an die Erzählungen meines Vaters, und schon beruhige ich mich. Ich stelle mir dann vor, ich würde mich während des Krieges in einer Höhle, in einem Versteck befinden: und dort, auf der anderen Seite sind die Österreicher, aber sie kriegen uns nicht zu fassen …

Eine feuchte und schützende Höhle

... Da drinnen liegen wir, ich und meine Kameraden, am Boden, mit unserem Umhang, unserem Tornister. Und es muß regnen, denn Regen beruhigt mich sehr. Schnee finde ich aufregend, Regen hingegen tröstet mich.

Als ich vor sieben oder acht Jahren in Mailand unter der Regie von Michalkow im *Mechanischen Klavier* spielte, wollte Professor Musatti, der Psychoanalytiker, mich sehen. Ich ging zu ihm. Er hatte ein Theaterstück geschrieben und wollte, daß ich es las; vielleicht hoffte er, ich würde es spielen. Ich nahm die Gelegenheit wahr, über alles mögliche zu sprechen, nur nicht über das Theaterstück.

»Herr Professor, wenn ich manchmal nicht einschlafen kann, stelle ich mir vor, ich würde mich im Ersten Weltkrieg befinden, in einer schützenden Höhle, während es draußen regnet. Wie läßt sich das erklären?« Und Musatti, mit seinem venetischen Akzent: »Sie wollen in den Schoß Ihrer Mutter zurückkehren!« »Ach ja? Das ist alles?« »Sicher! Wie ein Kind!«

Ich war ein wenig gekränkt. »Ich bin Künstler«, dachte ich, und ich hatte mir eine wer weiß wie komplizierte Erklärung erwartet. »Nein, nein, nein«, sagte der Psychoanalytiker zu mir. »Das ist die feuchte, schützende Höhle.« Donnerwetter!

Trotzdem kehre ich in Gedanken immer wieder zu den Kriegsjahren zurück – ein Thema, das alle langweilt, vor allem die Jungen. Da fällt mir eine Episode ein, die sich unauslöschlich in mein Gedächtnis eingeprägt hat.

Ich hielt mich damals in Venedig versteckt ...

Der Kuß der Unbekannten

… Es war mir gelungen, aus dem Istituto Geografico Militare davonzulaufen, in dem ich arbeitete und das sich fast an der Grenze zu Österreich befand. In Venedig hatte ich bei einem alten Schneider Unterschlupf gefunden, einer Art Meister Geppetto, er hieß Herr Calzavara und hatte mir eine kleine Kammer auf dem Dachboden zur Verfügung gestellt.

Damals waren die Leute verrückt nach Pullovern, auf denen Hirsche einander nachlaufen, vor allem, wenn man wie ich aus den Bergen kam (in den letzten Jahren ist diese Mode wieder aufgekommen, ich sehe überall Pullover mit Motiven darauf). Aber ich hatte keine Lira, abgesehen von ein paar Groschen, die ich von dem spärlichen Gehalt, das wir im Istituto Geografico Militare bekommen hatten, gespart hatte. Da hatte ich einen Geistesblitz: Ich trennte alle Unterhemden auf, die mir meine Mutter gestrickt hatte. Sie bestanden aus »Wolle aus den Marken«, wie man das damals nannte, und sie kratzten, wenn man sie anzog; nach zwei oder drei Tagen wurden sie weicher, aber beim ersten Anziehen waren sie kratzig. Ich trennte sie alle auf und wickelte sie auf ein paar Knäuel. Und ich brachte in Erfahrung, daß es in Bassano del Grappa Spinnereien gab, wo man mir vielleicht einen Pullover mit Hirschen machen würde.

Eine total verrückte Idee. Nur mit neunzehn kann man sich so etwas einfallen lassen, bei all den Risiken, die man damals einging, den Deutschen, den Faschisten, dem ganzen Durcheinander! Eines schönen Tages machte ich mich also mit meinen Knäueln auf den Weg.

In Mestre nahm ich abends, es war schon fast Nacht, einen Zug, der in Richtung Bassano del Grappa fuhr. Es bestand die Gefahr von Luftangriffen, und deshalb fuhren die Züge mit ausgeschalteten Scheinwerfern. Ich erinnere mich an den überfüllten Zug, wir saßen ganz dicht nebeneinander, und sehen konnte man auch nichts. Irgendwann spürte ich die Nähe einer Frau, sie sprach, vielleicht mit ihren Freunden, vielleicht fuhren sie aufs Land, um sich Lebensmittel zu besorgen, keine Ahnung. Jedenfalls fand ich irgendwann Gelegenheit, mir trotz der Raumnot eine Zigarette anzuzünden, ich war ja immer schon ein starker Raucher. Und als ich mir die Zigarette anzündete, wurde natürlich mein Gesicht beleuchtet, aber weil mich das Licht ein wenig blendete, konnte ich nicht sehen, wer mir gegenübersaß. Und die Frau beugte sich vor, wir berührten uns – und dann küßten wir uns.

Es war ein überwältigendes Gefühl. So geheimnisvoll!

Ich habe nicht gesehen, wer sie war, ob sie jung oder alt war. Ich weiß es nicht, ich habe sie nie gesehen. Ich erinnere mich nämlich, daß diese Gruppe von Personen am ersten Bahnhof ausgestiegen ist, noch immer im Dunklen, und … Und ich habe nie in Erfahrung gebracht, wen ich geküßt habe. Eine Frau, das steht fest. Aber ob sie schön oder häßlich war, weiß ich nicht. Dieser Kuß war jedenfalls sehr schön. Er verlieh meiner absurden Reise beinahe etwas Romantisches.

Wie viele Jahre sind seitdem vergangen? Und doch ist dieser Augenblick noch immer präsent, wirklich eine der intensivsten Erinnerungen in meinem ganzen Leben. Das Gedächtnis ist merkwürdig, nicht wahr?

Magische Kristalle

… Merkwürdig wie die Liebe.
Ich habe nie sehr viel gelesen, aber es gibt einige Autoren oder einige Stellen in ihren Romanen oder sonstigen Werken, die mich beeindruckt haben.
Zum Beispiel diese wunderbare Metapher, mit der Stendhal seine Vorstellung zum Ausdruck bringt, die Liebe sei eine Art *Kristallisierung*. Ja, Kristallisierung.
Nehmen Sie einen dürren Ast – sagt Stendhal – und stellen Sie ihn ans Ende eines Bergwerkstollens: Wenn Sie ihn wieder herausholen, wird er von magischen Kristallen überzogen sein.
Und was ist die Liebe denn anderes? Ist es nicht unser Herz, das den Menschen, in den wir verliebt sind, erstrahlen läßt, ihn auf magische Weise zu etwas ganz Besonderem macht?

Die intensivsten Erinnerungen

Erinnerungen sind eine Art Hafen; und vielleicht sind sie auch das einzige, was wirklich uns gehört.

Wenn ich mich also frage, welche Erinnerungen mich am stärksten berühren, welche ich am deutlichsten vor mir sehe… Das Kino? Den Erfolg? Nein, nichts von alldem.

Die intensivsten Erinnerungen stammen aus meiner Kindheit, meiner Jugend; es geht darin um meine Mutter, meinen Vater, meinen Bruder, die Freunde aus dem Viertel; den Krieg, die Schwierigkeiten, die wir Tag für Tag bewältigen mußten, ganz banale Dinge …

Gewiß habe ich genug Erinnerungen, aber die von damals sind so stark, so mächtig! Alles, was danach gekommen ist – Erfolg, Geld, Ruhm –, hat nicht annähernd eine derart tiefe, wahrhaftige Spur hinterlassen.

Ich erinnere mich an meine Mutter, an ihre endlosen Tage; sie stand als erste auf und ging als letzte ins Bett; an die Dispute in der Familie; die harmlosen Spiele: Billard, die Bar – es brauchte nur einer einen Witz zu reißen, und wir lachten eine halbe Stunde. Und die ersten Techtelmechtel, die ersten Blicke, die wir den Mädchen im Viertel nachwarfen – denn damals spielte sich das Leben vor allem im eigenen Viertel ab, ins Zentrum von Rom fuhr man nur hin und wieder, man machte alles im eigenen Viertel, auch den Sonntagsspaziergang.

Und dann der Krieg, den ich nie vergessen werde. Das meine ich gar nicht so dramatisch, ganz im Gegenteil. Wenn ein Bombenangriff bevorstand oder wenn einer befürchtet wurde, heulten die Sirenen, und alle liefen in den Luftschutzkeller. Wir mit unseren sechzehn, siebzehn Jahren

machten allerdings ein Spiel daraus: »Wer ist als erster im Luftschutzkeller?«
Ich weiß nicht, wie ich sagen soll, aber paradoxerweise war alles irgendwie heiterer, einfacher, trotz der schwierigen Lebensumstände. Wir brauchten bloß einen Fußball aus Zeitungspapier, und schon spielten wir zwei Stunden mitten auf der Straße. Ich kann mir gar nicht vorstellen, wie wir einen Ball aus Zeitungspapier und Schnur zum Hüpfen brachten.

1 000 000 Zigaretten

Und jetzt zünden wir uns zur Abwechslung wieder einmal eine schöne Zigarette an. Es ist absurd. Wenn man es sich recht überlegt, fünfzig Jahre lang mehr oder weniger fünfzig Zigaretten am Tag, das macht fast eine Million Zigaretten. Damit könnte man den Himmel über Rom verdunkeln. Warum eigentlich? Dabei weiß man, daß es schädlich ist, und raucht trotzdem weiter. Tut man es vielleicht, um eine Leere zu füllen?

Aber selbst wenn ich zugebe, daß es schädlich ist, bin ich den Amerikanern böse. Sie müssen damit aufhören. Was wollen sie eigentlich? Uns Raucher in ein Ghetto sperren? Jeder soll doch leben und sterben, wie er will. So: Es ist wirklich schädlich.

Scheidung auf Italienisch, *Italien 1961.*
Regie: Pietro Germi.

Eine stille Größe

»Gut, ich habe nichts dagegen, wenn man Wälder ausschlägt, wo es nötig ist, aber warum sie vernichten? Milliarden von Bäumen sterben. Die Behausungen von Tieren und Vögeln werden verwüstet, wunderbare Landschaften verschwinden unwiederbringlich, und warum das alles? Man muß ein Barbar ohne Sinn und Verstand sein, um diese Schönheit in seinem Ofen zu verbrennen, um das zu zerstören, was wir nicht wieder erschaffen können. Der Mensch ist mit Vernunft und Schöpferkraft begabt, um zu vermehren, was ihm gegeben worden ist, aber bis heute hat er nichts geschaffen, sondern nur zerstört. Wälder gibt es immer weniger und weniger, die Flüsse versiegen, das Wild stirbt aus, und mit jedem Tag wird die Erde ärmer und gesichtsloser. Du schaust mich ironisch an, und alles, was ich sage, kommt dir unseriös vor ... und vielleicht ist es ja wirklich komisch, aber wenn ich an den Wäldern der Bauern vorbeifahre, die ich vor dem Abholzen gerettet habe, oder wenn ich höre, wie mein junger Wald rauscht, den ich mit eigenen Händen gepflanzt habe, dann erkenne ich, daß das Klima ein wenig in meiner Macht liegt und, wenn der Mensch in tausend Jahren glücklich sein wird, daß daran auch ich ein wenig schuld bin. Wenn ich eine Birke pflanze und dann sehe, wie sie grünt und sich im Winde wiegt, erfüllt sich meine Seele mit Stolz.«
Das ist ein Monolog Doktor Astrows im ersten Akt von Tschechows *Onkel Wanja*. Als ich ihn spielte (das ist allerdings schon viele Jahre her!), habe ich mich augenblicklich in Tschechow verliebt. Im Laufe der Jahre ist diese Liebe dann immer wichtiger und intensiver geworden.

Vielleicht liebe ich Tschechow so besonders, weil seine Figuren, seine Erzählungen so sehr dem Leben ähneln. Oder vielleicht entsprechen sie meinem Wesen, auch meinem Wesen als Schauspieler.
Mir gefällt diese kleine, stille Welt, bevölkert von Versagern, die gleichzeitig voller Enthusiasmus, voller Träume und Illusionen sind: »Nach Moskau! Nach Moskau«, und doch werden sie nie hinfahren. Und Wanja, der sagt: »Aber wir müssen gleich an die Arbeit, gleich etwas tun, sonst halte ich es nicht aus.«
Ihre Gemeinheiten, ihre Eifersüchteleien, ihre *Lächerlichkeit:* denn meiner Meinung nach ist Tschechow der Autor der »Komödie auf russisch«. Nicht zufällig hat er ja auch immer den Schauspielerinnen und Schauspielern, die in seinen Stücken spielten, geschrieben: »Erinnert euch, daß es eine *Komödie* ist.« In Europa hingegen, in diesem Teil Europas, hat man Tschechows Stücke immer eher als Tragödien gespielt. Sie sind tragisch, sicher; aber das Tragische grenzt bei ihm an das Lächerliche, weshalb man auch lachen muß. Darin, glaube ich, besteht die Größe dieses stillen Autors. Shakespeare ist großartig, gigantisch – aber mich berühren Tschechows Halbtöne mehr.
Seine Figuren – lauter Phantasten, die nichts zustande bringen, ewige Stümper, die sich nicht festlegen wollen; merkwürdige Wesen, die zugleich Opfer und Komplizen ihrer Umgebung sind und ebendeshalb skeptische und sarkastische Zeugen – mit einem Wort, glaubwürdig.

Von den Theatervorstellungen in der Pfarre bis zu Visconti

Mit elf Jahren spielte ich in der kleinen Theatertruppe der Pfarrgemeinde von Sankt Fabiano und Venanzio in Rom. Das erste Stück, in dem ich auftrat, war eine Art Tragödie, die der Pfarrer, Don Virgilio Caselli, verfaßt hatte; ich spielte Sabinus, den christlichen Märtyrer.
Sie dürfen aber nicht glauben, daß man in die Pfarre ging, weil man gläubig war. Die Pfarre war damals der einzige Ort, an dem man sich vergnügen konnte: Es gab ein kleines Fußballfeld, die Schola Cantorum (ebenfalls ein Vorwand, um ein wenig herumzualbern) und die Mittagsmesse, in die wir nur gingen, um die Mädchen zu beäugen. Und dann gab es natürlich die Theatervorstellungen.
Auf die Pfarre folgte die Schule und dann die Universität mit dem Centro Universitario Teatrale, das seine ganz eigene Tradition besaß und wo ich bei verschiedenen Vorstellungen mitwirkte. Auch Giulietta Masina (die vor dem Krieg ein Mitglied des Universitätstheaters gewesen war) erklärte sich einmal liebenswürdigerweise bereit, aufzutreten.
Das Stück, eine Satire auf die Diktatur, stammte von Leo Ferrero, einem Antifaschisten, der in Frankreich im Exil lebte, und hieß *Angelica*. Der Auftritt Giulietta Masinas rief ein paar Kritiker auf den Plan, und ein paar Leute kamen in die Vorstellung, darunter auch der kaufmännische Direktor der Schauspielgruppe Luchino Viscontis, Herr Emilio Amendola, der Onkel des berühmten Synchronsprechers Ferruccio Amendola.
Nach der Vorstellung kam Herr Amendola zu mir in die

Mirandolina *von Carlo Goldoni, Teatro La Fenice, Venedig 1952. Regie: Luchino Visconti. Mit Flora Clarabella.*

Garderobe und fragte mich, ob ich als professioneller Schauspieler arbeiten wolle. Ich antwortete ihm, daß ich bereits auf die Universität ginge und außerdem eine Arbeit hätte. Aber wollte ich es nicht wenigstens einmal probieren? Weiterstudieren könnte ich ja immer noch. Kurz und gut, Herr Amendola verschaffte mir ein Treffen mit Luchino Visconti. Ich traf ihn in einem Teesalon an der Piazza di Spagna in Rom. Zeffirelli, sein Assistent, war auch dabei. »Herr Amendola versichert mir, du hättest Talent«, sagte Visconti zu mir. »Wenn das stimmt, wirst du in *Endstation Sehnsucht* den Mitch spielen. Wenn nicht, bekommst du eine Komparsenrolle.«

Ich fragte sofort, was sie bezahlten. »Wissen Sie, ich habe nämlich eine Arbeit …« Und Visconti, mit seinem französischen R: »Darüber mußt du dich mit Herrn Amendola unterhalten.« Der zeigte mir drei Finger: dreitausend Lire. Am Tag. »Dreitausend Lire am Tag?« Dreimal soviel, wie ich im Büro verdiente! »Ja«, sagte ich, »ist gut.«
Das war der Beginn meiner im übrigen sehr erfolgreichen Theaterkarriere, die gut zehn Jahre dauerte.

Zehn Lehrjahre

Und das war gewiß ein großes Privileg. Ich betrat das Theater durch die Ehrenpforte.

Viscontis Truppe war damals wahrscheinlich die bedeutendste im ganzen Land: Ihr gehörten Rina Morelli, Paolo Stoppa und Vittorio Gassman an (allerdings nur in der ersten Saison). Wir gingen auch auf Tournee ins Ausland, nach Paris, zum Festival des Internationalen Theaters.

Ich spielte in *Endstation Sehnsucht* von Tennessee Williams; im *Tod eines Handlungsreisenden* von Arthur Miller, in der *Wirtin* von Goldoni; in *Onkel Wanja* von Tschechow, wie ich bereits sagte. Wir machten auch *Drei Schwestern* von Tschechow, eine legendäre Vorstellung, in der ich die Rolle des Soleni spielte: eine typische tragische und gleichzeitig armselige Tschechow-Figur, eine außergewöhnliche Nervensäge, die die anderen immer unterbricht, indem sie »putt, putt, putt« macht, und die in ihrem Wahnsinn sogar so weit geht, ihren Nebenbuhler Tusenbach zum Duell zu fordern und ihn umzubringen.

Das waren ohne Zweifel meine Lehrjahre. Viscontis Disziplin, seine hohen Ansprüche, sein (künstlerischer!) Perfektionismus; die Ratschläge, die ich von meinen Kollegen bekam, vor allem von Rina Morelli, die sich wie eine Mutter um mich kümmerte: Wenn ich etwas kann, verdanke ich es zum Großteil ihnen, glaube ich. Das Theater ist wichtig für einen Schauspieler.

Am Ende dieser zehn Jahre drehte ich meinen ersten Film mit Visconti. Merkwürdigerweise wieder nach der Erzählung eines Russen, *Weiße Nächte* von Dostojewski. Das war

Mit Luchino Visconti.

der erste Film, in dem ich mich vom Rollenklischee des naiven Taxifahrers aus der Großstadt befreite; ein bereits etwas anspruchsvollerer, sehr interessanter Film.

Unvollständiges mechanisches Klavier für Platonow

Nach diesen zehn Jahren dachte ich, vielleicht sei es nun an der Zeit, eine eigene Truppe zu gründen.
Ich entschied mich natürlich für Tschechow, für ein Stück, das ein Fragment geblieben war: *Platonow.* Ich bat Visconti, Regie zu führen, und er willigte ein. Valentina Cortese fragte ich, ob sie die Rolle der Generalin spielen wolle, auch sie sagte liebenswürdigerweise zu.
Doch genau in diesem Augenblick erhielt ich Fellinis Angebot, in *La dolce vita* zu spielen. Ehrlich gesagt befand ich mich in einer schrecklichen Zwickmühle, doch letzten Endes entschied ich mich fürs Kino, für Fellinis Film. Visconti war sehr freundlich, er sagte, wir würden *Platonow* im Jahr darauf machen. Aber die Jahre vergingen, und es wurde nichts mehr daraus.
Paradoxerweise, und das bestätigt wieder einmal die Gültigkeit von Tschechows Texten, habe ich dieses Drama dreißig Jahre später unter der Regie von Nikita Michalkow gespielt, der es in Rußland bereits großartig verfilmt hatte. Dreißig Jahre später: Ich hätte der Vater des jungen Mannes sein können, der dem Protagonisten aus *Dolce vita* in vielerlei Hinsicht ähnlich war; eine Art Hallodri, der immer auf Abenteuer aus ist, allerdings mehr aus Langeweile als aus Leidenschaft. Dennoch funktionierte es hervorragend. Dieser *Platonow* – Michalkow hatte ihm den Titel *Unvollendete Partitur für ein mechanisches Klavier* gegeben – war ein riesiger Erfolg.

Vom Tempel zum Schmelztiegel

Hin und wieder werde ich gefragt, was der Unterschied zwischen Theater und Film ist. Zu diesem Thema müßte man eigentlich lange Reden halten, die Theoretiker, die »Fanatiker« befragen. Sicher, es gibt einen Unterschied, insofern als das Theater eine Disziplin – ich würde sogar sagen, eine peinliche Genauigkeit – erfordert, die es beim Film nicht gibt.

Das Theater ist ein Tempel, ein Tempel, in den nie ein Sonnenstrahl dringt. Man arbeitet immer mit spärlichem Licht, in völliger Stille; der Text muß bis auf die Beistriche eingehalten werden, muß vertieft werden, denn am Wort hängt alles. Ich mag jedoch das Familiäre am Theater: Wenn am Abend die Vorstellung aus ist und alle nach Hause gehen, macht sich die kleine Gruppe von Schauspielern, sofern sie sich verstehen, auf die Suche nach einem Gasthaus, das nur für die Schauspieler offenbleibt: und dort bespricht man die Vorstellung, die Schnitzer, die einem passiert sind, die Fehler, die man gemacht hat, man lacht, man scherzt. Mit einem Wort, man fühlt sich wohl.

Schade jedoch, daß das Theater erst am Abend um neun beginnt: bis dahin weiß man nämlich nicht, was man tun soll, vor allem, wenn man auf Tournee ist, wenn die Freunde und Verwandten weit weg sind und man keine Möglichkeit hat, Bekanntschaften zu schließen. Und dann sind die Tage recht lang. Viele gehen ins Kino; ich gehe aber nie ins Kino, und so verbringe ich viele Stunden im Hotel und bin um sieben schon im Theater. Einfach so, um die Zeit totzuschlagen.

Der Film ist jedoch etwas ganz anderes. Abgesehen vom

schauspielerischen »Stil«, der ebenfalls ein anderer ist, ist beim Film das Auge, die Großaufnahme, sehr wichtig, beim Theater hingegen die Stimme. Dessen muß sich der Schauspieler bewußt sein. Beim Film spielt er nicht mit dem ganzen Körper, beim Theater schon. Beim Film wird man immer ungefähr hier, über dem Nabel, abgeschnitten – was mir gar nicht gefällt, denn der Körper hat eine ganz bestimmte Funktion, er bringt die Haltung, auch den Gemütszustand einer Person zum Ausdruck.

Dennoch muß ich gestehen, daß mir der Film wahrscheinlich lieber ist als das Theater: ja, und zwar genau deshalb, weil es dabei so verrückt zugeht, weil man Kompromisse eingehen und improvisieren muß, weil alles drunter und drüber geht und weil man die Dinge beim Schopf packen muß und weil er eine Art Mikrokosmos ist, in dem sich alles vermischt. Beim Film gibt es einfach alles! Vom entlassenen Häftling bis zum Dichter: Der Film verlangt nämlich keine Empfehlungsschreiben, er verlangt von niemandem etwas; in diesem Schmelztiegel sind alle willkommen. Und das ist etwas durchaus Magisches. Es ist, als würde man ins Zeltlager fahren. Man kommt an, der eine stellt das Zelt auf, der andere macht Feuer, der dritte macht sich auf die Suche nach etwas Eßbarem. Und dann ... *Achtung, Aufnahme!*

Ciao New York

Keine Ahnung, warum mir gerade jetzt New York einfällt, das mit dieser Landschaft überhaupt nichts gemein hat. Oder vielleicht haben mich die Gipfel der Berge daran erinnert.

New York gefällt mir sehr. Als ich jung und ehrgeizig war, wollte ich Architekt werden; dann hat mich jedoch die Theaterleidenschaft gepackt. Ich erinnere mich, daß ich bei meinem ersten Besuch in New York in einem Interview zu einem amerikanischen Journalisten sagte, die Park Avenue sei genauso schön wie die Piazza San Marco. Er war empört. Ich konnte ihm kaum begreiflich machen, daß das zwei Beispiele für hervorragende Architektur, für Eleganz sind, die aus zwei verschiedenen Epochen stammen.

New York gefällt mir auch deshalb, weil es gleichzeitig prachtvoll und heruntergekommen, reich und arm ist. Hier gibt es einfach alles. Es könnte ein Stück Europa sein; schließlich ist es ja auch von Europäern errichtet worden. Und natürlich von Afrikanern. Ja, eine Stadt, die mir gefällt. Ich würde dort gerne einen Film drehen. Vor kurzem habe ich einen gedreht, aber er ist nicht besonders gut geworden.

Eine sehr schöne Erinnerung habe ich hingegen an einen Film, den ich vor vielen Jahren mit Marco Ferreri in New York gedreht habe: *Affentraum,* einer meiner Lieblingsfilme, eine der schönsten Rollen, die ich jemals im Kino gespielt habe.

Das Verrückte daran war (aber so sind wir Italiener nun mal), daß Ferreri anrief, als ich gerade am Meer war: »Komm rüber nach New York, eigentlich hätte Tognazzi kommen sollen, aber der kommt nicht mehr, ich brauche dich …« »Aber ich kenne nicht mal den Film.« »Komm schon, wenn du erst einmal da bist …« Und dann wurde tatsächlich alles improvisiert, an Ort und Stelle erfunden: So entstand eine köstliche Figur, ein armer alter Emigrant, köstlich in seiner Melancholie, in seiner Verzweiflung.

Über das Brückenbauen und das Stückeschreiben

Ich bin überzeugt, es gibt keine aufregendere und schönere Art, Filme zu machen, als die unsere.
Ich habe nichts gegen Hollywood, aber es entspricht nicht meinen Vorstellungen von diesem Beruf und auch nicht vom Leben im allgemeinen. Vor vier oder fünf Jahren habe ich mich einmal auf eine Erfahrung mit dem amerikanischen Kino eingelassen: Ich drehte einen Film mit Shirley MacLaine, Kathy Bates, Jessica Tandy – drei Oscarpreisträgerinnen. Es hat mir nicht gefallen. Das sage ich mit allem Respekt vor dem amerikanischen Kino, das auch gute Sachen hervorbringt. Aber die Mentalität ist eine ganz andere, wir sind sehr weit davon entfernt. In Europa funktioniert Kino ganz anders. Vielleicht auch deshalb, weil man aus Mangel an Zeit und Geld viel mehr improvisiert.
Um auf meine Erfahrung in Amerika zurückzukommen: Wir saßen drei Wochen lang an einem Tisch in einem Zimmer in einem New Yorker Hotel und studierten den Text ein. Ich verstand nicht, was es da einzustudieren gab, wo es sich doch noch dazu um eine Komödie handelte, ein Genre, bei dem jede Menge improvisiert wird und das sich nicht am Reißbrett entwerfen läßt wie der Plan einer Brücke. Aber für sie ist es okay so, sie würden sonst anders vorgehen, sie haben eine ganz bestimmte, wissenschaftliche Technik. Und das merkt man ihren Filmen auch an.
Unsere Art, Filme zu machen, ist ganz anders. Sie hat mehr von einem Abenteuer an sich. Und dann, am Ende des Tages, ist etwas passiert, was unmöglich vorauszusehen war.

Tapeten in Hollywood

Wenn ich geehrt werde oder einen Preis bekomme, frage ich mich oft, ob ich ihn wirklich gerade diesmal verdient habe oder ob es nicht gerechter gewesen wäre, wenn ich ihn für die bei einer anderen Gelegenheit geäußerten Lügen bekommen hätte. Im übrigen ist auch die Vergabe von Preisen ein Glücksspiel: dieser und jene müssen zufriedengestellt werden, ein bestimmtes Land oder eine bestimmte Art des Filmemachens muß berücksichtigt werden: Wie soll man da wissen, wann man wirklich ein guter Lügner war?

Für *Ein besonderer Tag* von Ettore Scola wurde ich zum zweitenmal für den Oscar nominiert. »Warum fahren wir nicht zur Preisverleihung nach Hollywood?« fragte mich Ettore. Ich gab ihm zur Antwort, daß wir uns keinerlei Hoffnungen zu machen brauchten, aber ja, warum nicht, »treiben wir ein wenig Allotria in Los Angeles«. Gut, wir fuhren hin. Ich bekam weder einen Preis als bester Schauspieler, noch bekam Scola einen für den besten ausländischen Film.

Dafür wurden wir von Scorsese eingeladen, dem berühmten amerikanischen Regisseur: An den Wänden seiner Villa hingen keine Bilder, sondern nur Plakate von italienischen Filmen. Ein Plakat neben dem anderen, wie eine Tapete! Und das Ganze wurde überragt von Viscontis *Gattopardo.*

Irgendwann fragte mich Scorsese: »Was ist das für ein Film?« Es war ein völlig weißes Plakat mit zwei schwarzen Strichen, ohne Namen oder sonstwas. Ich hatte keine Ahnung, was das für ein Film sein sollte. »Es ist *Scheidung auf italienisch* in Polen«, erklärte Scorsese. Die schwarzen Stri-

che sollten einen Schnurrbart auf ganz weißem Hintergrund darstellen.
Scorseses »Tapeten« führen uns vor Augen, wie viel die amerikanischen Regisseure dem italienischen Kino verdanken, daß der italienische Film dreißig Jahre lang die Avantgarde war. Nehmen Sie zum Beispiel *Mean Streets* von Scorsese (der auch Bob de Niro und Harvey Keitel zu internationalen Stars machte): die Ähnlichkeiten zu Fellinis *Vitelloni* sind nicht zu übersehen. Auch das waren »Müßiggänger«, aber eben amerikanische, die aus New York stammten und somit gewalttätiger waren. Ein guter Regisseur, Martin Scorsese. Aber er, und nicht nur er, verdankt uns viel. Das sage ich aus Eitelkeit, ja, weil ich mein Kino liebe.

Arme, Beine, Lippen, Nase

Mit meinem Aussehen bin ich nicht sehr zufrieden. Sie werden denken, ich sage das aus falscher Bescheidenheit, aber ich …

Dünne Arme, dünne, dürre Beine, weswegen ich nie »Heldenrollen« gespielt habe, vielleicht zum Glück, denn sie liegen mir nicht. Und diese kurze Nase! Die fleischigen Lippen, na ja … Mir hingegen haben immer schmale Lippen gefallen, wie Jean Gabin sie hat, und Adlernasen. So wie die von Gassman. Auch die Äthiopier, die Abessinier haben wunderbare aristokratische Nasen.

Ich habe mich von meinem Aussehen immer gern ein wenig distanziert. Wenn möglich, hätte ich es fast ganz zum Verschwinden gebracht. Noch bevor ich alt geworden bin, habe ich Figuren gespielt, die älter waren als ich, auch weil ich schlauerweise verhindern wollte, daß das Publikum sagt: »Ach, ist der alt geworden.« Wenn ich hingegen frühzeitig alt werde, sagt es: »Ach, der hat sich als alter Mann geschminkt.« Kleine Tricks. Aber ich weiß nicht, ob sie eigentlich funktioniert haben.

Das sage ich nur, um zu betonen, daß mich mein Aussehen immer gestört hat. Außerdem hat man mir dann noch dieses lächerliche Etikett *Latin lover* verpaßt, mit dem ich mich überhaupt nicht identifizieren kann und das mir noch dazu im Weg steht. Wenn ich nämlich eine Frau kennenlerne oder ein Abenteuer habe, erwartet man sich von dem berühmten *Latin lover* wer weiß was für außergewöhnliche Leistungen. Aber ich war immer ein absolut normaler Mann, auch was meine Leistungen anbelangt.

Und warum überhaupt soll ein Schauspieler außergewöhnlich oder unsterblich sein? In einer Welt, in der sich auf Schritt und Tritt Tragödien ereignen, interviewen wir hier Schauspieler oder Gitarrespieler.

La dolce vita, *Italien / Frankreich 1960. Regie: Federico Fellini. Mit Anita Ekberg.*

»Wer bist du?« »Und wer bist du?«

Als ich zum erstenmal nach New York fuhr, wurde ich von Lee Strasberg, dem Leiter des Actors' Studio, eingeladen. An diesem Abend waren alle Schauspieler da; mit Ausnahme von Marlon Brando waren wirklich alle da. Um mir Mut zu machen, um locker zu sein – ich sprach nicht Englisch –, hatte ich vielleicht ein paar Whisky getrunken.
Irgendwann ging ich von einem Zimmer ins nächste und sah eine wunderschöne brünette Frau, die am Boden saß. Sie war von einer Menge junger Leute umringt, lauter Schülern des Actors' Studio, die alle an ihren Lippen hingen. Ich sprach sie an, und zwar mit den Worten, die ich in *La dolce vita* an Anita Ekberg gerichtet hatte: »Wer bist du? Bist du meine Mutter, meine Schwester, die Erde, der Mond? Wer bist du?« Und sie, in perfektem Italienisch: »Und wer bist du?« »Ach, verdammt, du sprichst Italienisch?« »Ich spreche nicht nur Italienisch, ich heiße sogar Italiano.« »Was machst du hier? Ich bin zum erstenmal in New York. Warum fahren wir nicht spazieren, und du zeigst mir etwas?«
Mein Gott, wie hieß sie noch? Ja, Anne Bancroft. Ach ja, das Gedächtnis beginnt nachzulassen. Anne Bancroft: eine wunderschöne Frau! Sie sah aus wie, was weiß ich, die Tochter der Magnani, wie eine dieser wirklich schönen Frauen aus dem Süden Italiens.
Anne war sehr freundlich. Bloß hatte ich keinen Groschen in der Tasche. Ich nützte den Umstand aus, daß ich beim Verleiher meiner Filme, Joe Levine, eingeladen war, und lief immer ohne Geld herum. So kann sich nur ein Italiener im Ausland benehmen, wie in einer Komödie, in der Sordi

einen Italiener in London oder sonstwo spielt: Mit einem Wort, ich schnorrte. Ohne mich auch nur im geringsten zu schämen (wenn ich heute daran zurückdenke, schäme ich mich aber doch), bettelte ich alle an. Und jeder gab mir einen Dollar oder zwei.

Wir verließen die Party. Anne fuhr mit mir ins Village, in ein Restaurant, das »Pompei« hieß und von zwei ganz kleinen Zwillingsbrüdern geführt wurde, zwei Italienern.

Wir unterhielten uns übers Theater, über den Film. Ich bewunderte diese Schauspielerin, aber in dem Augenblick, als ich sie gefragt hatte: »Wer bist du? Meine Mutter, die Erde, der Mond« und so weiter, verdiente ich wirklich den Titel *Latin lover*. Und es ging auch tatsächlich schief, denn sie gab mir eine passende Antwort. Dennoch eine schöne Begegnung, die mir New York gleich sympathisch machte.

Mr. *Latin Lover*

Der *Latin lover*! Nicht auszuhalten. Vor fünfunddreißig Jahren, als ich *La dolce vita* drehte, haben die Amerikaner beschlossen, ich sei der *Latin lover*. Sie sind immer auf der Suche nach Etiketten. Und das Etikett wurde dann von Journalisten in Italien und in Europa ganz allgemein übernommen. Der Einfachheit halber: »*Latin lover*!«, und schon ist alles gesagt.

Aber wieso eigentlich *Latin lover*? Ich bin nie in Nachtklubs gegangen; ich bin nie auf der Via Veneto auf und ab spaziert, obwohl ich dort einen Film gedreht habe. Ja, hin und wieder in ein Café. Ich weiß nicht. Vielleicht weil ich in diesem Film und später auch in anderen von schönen Frauen umgeben war: aber allein deswegen ist man doch kein *Latin lover*. Ich wurde dafür bezahlt, daß ich sie vor der Kamera umarmte; wir taten nur so, als würden wir uns lieben, oder nicht?

»Der *Latin lover*!« So etwas Dummes, zum Verrücktwerden. Und es wertet mich ab. Ich habe gesagt: »Habt ihr überhaupt meine Filme gesehen?« Nach *La dolce vita* habe ich einen Film gedreht, in dem ich einen Impotenten spielte: *Bel Antonio* – und zwar, um nicht schon wieder die gleiche Rolle zu spielen, denn Verleiher und Produzenten hätten mich am liebsten gleich wieder in einer Jacke mit V-Ausschnitt und Goldknöpfen gesehen. Und sofort darauf in *Scheidung auf italienisch*: einen widerlichen, betrogenen Ehemann. Ich habe einen schwangeren Mann gespielt und in *Ein besonderer Tag* einen Homosexuellen. Ich habe arme Teufel gespielt, in deren Leben Sex überhaupt keine Rolle spielte. Aber selbst die erotischen Phantasien in Fellinis Filmen

könnten von einem Jugendlichen, beinahe von einem Kind stammen.
Aber es ist hoffnungslos, einfach hoffnungslos! Inzwischen bin ich zweiundsiebzig, und sie bezeichnen mich noch immer als *Latin lover*! Was bin ich denn? Eine Jahrmarktsattraktion? Nicht auszuhalten!
Das ist eine der unangenehmen Seiten meines Berufs. Die Presse bemächtigt sich eines Klischees, das einem überhaupt nicht entspricht, und verwendet es immer wieder, und das ist sehr, sehr ärgerlich!
Ich habe als Schauspieler Karriere gemacht, nicht als Schönling.

El bello Antonio funktionierte nicht

Eines Donnerstags erhalte ich einen Anruf von Mauro Bolognini: »Hör zu, dieser französische Schauspieler kommt nicht mehr. Willst nicht du den *Bel Antonio* spielen?« »Und ob«, antwortete ich. »Ich kenne den Roman, und ich weiß, daß sogar Pasolini am Drehbuch mitgearbeitet hat.«

»Dieser französische Schauspieler« war ein gewisser Carrier oder Sarrière und war damals mit Brigitte Bardot verheiratet. Ich weiß nicht, warum er nicht kam. Vielleicht lehnte er die Rolle ab, eben weil er der Mann Brigitte Bardots war und Angst hatte, für impotent gehalten zu werden. Schauspieler sind manchmal ein wenig dumm. Und zu

Bel Antonio, *Italien / Frankreich 1960. Regie: Mauro Bolognini. Mit Claudia Cardinale.*

meinem Glück spielte ich den *Bel Antonio,* den jungen, impotenten Sizilianer. Ich halte den Film für sehr gut. Es gibt eine nette Anekdote, die zeigt, was für ein Erfolg dieser ungewöhnlichen Figur beschieden war, die internationale Berühmtheit erlangte.

Ein oder zwei Jahre nachdem der Film angelaufen war, kauften entweder die Brasilianer oder die Argentinier, so genau weiß ich das nicht mehr, von den USA ein gebrauchtes Kriegsschiff, das nie funktionierte: Da gab man ihm den Spitznamen *El bello Antonio*! *El bello Antonio* funktionierte nicht.

Tschk-tschk

Germi wollte mich nicht. Nach *La dolce vita* und *Bel Antonio* hielt er mich eben auch für einen *Latin lover*, für einen Lebemann, der auf der Via Veneto flaniert. Aber aus diesem oder jenem Grund lehnte eine Menge Schauspieler es ab, in *Scheidung auf italienisch* mitzuspielen. Vielleicht glaubten sie nicht an Germis komödiantisches Talent, bisher hatte er

Scheidung auf Italienisch, *Italien 1961. Regie: Pietro Germi. Mit Daniella Rocca.*

nämlich nur bei dramatischen Filmen Regie geführt. Ich hingegen ließ mich zuerst mit ganz glatten und dann mit lockigen Haaren fotografieren und schickte Germi die Fotos: schließlich ließ er sich überzeugen. So spielte ich mit in der wunderbaren *Scheidung auf italienisch,* die Figur mit dem berühmten Tick: *tschk-tschk.*
An einem der ersten Tage fragte mich Germi: »Willst du mich verarschen? Warum machst du immer *tschk-tschk?*« Germi hatte nämlich ein Problem mit dem Kiefer, weshalb er immer so ein Geräusch von sich gab: *tschk-tschk.* Ich antwortete ihm, daß ich ihn nicht verarschen wolle, daß dieser Tick jedoch eine bestimmte Stimmung des Protagonisten verdeutlichen könne: »Ich bin dir eine Zeitlang gefolgt, *tschk-tschk,* und habe festgestellt, daß dieser Gag wie aus einem drittklassigen Kabarett ...« Ich weiß nicht, ob Germi mir glaubte. Jedenfalls sagte er: »Ist gut«, und dabei kaute er an seinem ewigen Zigarrenstummel herum.
Scheidung auf italienisch wurde ein Welterfolg. Selbst heute noch kommt es hin und wieder vor, daß ich auf einem Flughafen einem Amerikaner begegne, der zu mir sagt: »Scheidung *Italian style: tschk-tschk.*«

Mit Ettore Scola habe ich sechs oder sieben Filme gedreht. Ich mag Ettore. Er hat Witz, ist intelligent, oft *tranchant,* sympathisch.

Bei Scola hat man die Chance, die eine oder andere Idee verwirklichen zu können. Wenn sie gut ist, akzeptiert er sie. Mit einem Wort, mit ihm kann man zusammenarbeiten.

Ich erinnere mich, daß es in *Ein besonderer Tag* ein sehr heikles Telefongespräch gab, das ich, in meiner Rolle als Homosexueller, mit meinem Freund führte. »Ettore«, sagte ich zu ihm, »mein Schamgefühl legt mir nahe, diese Szene von hinten zu drehen. Stell dich mit der Kamera hinter meinen

Ein besonderer Tag, *Italien / Kanada 1977. Regie: Ettore Scola. Mit Sophia Loren.*

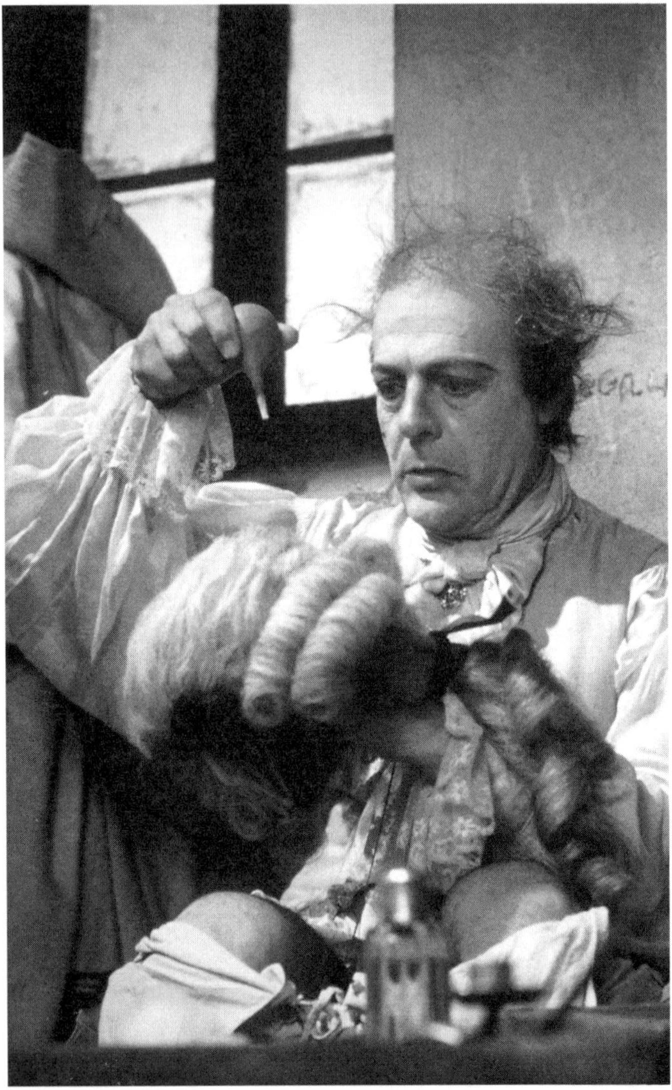

Flucht nach Varennes, *Frankreich / Italien 1982.*
Regie: Ettore Scola.

Nacken, damit die Dinge, die ich sage, nicht brutal klingen, damit sie die Zuschauer nicht unangenehm berühren.« Scola war einverstanden. Und das ist einer der schönsten Momente im ganzen Film.

Ebenfalls bei den Dreharbeiten zu *Ein besonderer Tag* fragte mich Ettore, ob ich mich an einen Schlager aus meiner Jugend erinnerte. Mir fiel einer ein, den ich im Haus meiner Tante gehörte hatte und zu dem wir, ich und ihre drei Töchter, am Sonntag tanzten: »*Belle bimbe innamorate – Le arance comprate – Hanno un magico sapore – Un profumo d'amore.*« Im Film zeige ich Sophia Loren zu dieser Melodie einen bestimmten Tanz. Für mich ist *Ein besonderer Tag* nach wie vor ein Beispiel für einen wirklich außergewöhnlichen, einfachen, klaren Film. Wollen wir's riskieren?, ein Meisterwerk.

Der erste Film, den ich mit Scola drehte, hieß *Eifersucht auf italienisch;* in Cannes erhielt ich dafür die Goldene Palme als bester Schauspieler. Danach haben wir noch mehrere Filme miteinander gedreht. In *Flucht nach Varennes,* einem Film, der in Frankreich begonnen und in Italien fertiggestellt wurde, gab er mir die wunderbare Rolle des alten Casanova, eines Mannes, der Prostataprobleme hat, sich nicht von seiner Jugend lösen kann und weiß, daß er die neue Welt, die mit der Revolution entstanden ist, nicht mehr begreifen kann. »Wenn ich jünger wäre, stünde ich vielleicht auf eurer Seite«, sagt der alte Casanova. »Das einzige, was mich stört und was ich nicht akzeptieren kann, ist, daß ein Diener im Namen der Demokratie sprechen darf, als wäre er frei und verstünde etwas von den Dingen: Nein, das nicht!« Ich hoffe, daß ich sehr bald noch einen Film mit Ettore Scola machen kann.

Todo modo

Ich erinnere mich an einen sehr hübschen Film unter der Regie von Giuseppe De Santis, *Tage der Liebe,* den ich in meiner Heimat, der Ciociara, drehte, in Fondi. Regieassistent war Elio Petri. Wir wurden Freunde. Petris erste Regiearbeit war *Trauen Sie Alfredo einen Mord zu?,* worin ich mitspielte, ein sehr erfolgreicher Film, der schlagartig sein Talent unter Beweis stellte. Ja, ein wunderbarer Regisseur: *Ermittlungen gegen einen über jeden Verdacht erhabenen Bürger!* Wunderbar. Volonté – großartig …

Einige Jahre später machte ich noch einen Film mit Petri, *Todo modo,* den ich für einen äußerst wichtigen Beitrag zu unserer »Ersten Republik« halte: Machenschaften, Affären, Gesellschaft, Geld … Es ist merkwürdig, daß *Todo modo* nach den vielen Skandalen, nach der Ermordung Moros, die der Film vorweggenommen hatte, nicht wieder gezeigt wurde – aber dann auch wieder nicht so merkwürdig. Was soll man davon halten? Daß die Leute keine Lust haben, an bestimmte Dinge erinnert zu werden? Obwohl wir inzwischen jede Menge Skandale erlebt haben, große und kleine, hatten wir nicht das Vergnügen, diesen Film noch einmal zu sehen.

Was den Tod Moros anbelangt, so erinnere ich mich, daß ich mit Elio Petri in Mailand war, um eine TV-Version von Jean-Paul Sartres *Schmutzigen Händen* zu drehen. (Der Text besaß keine besonderen dramatischen Qualitäten; Petri mit seinem Regietalent schaffte es jedoch, ihm Rhythmus und Spannung zu verleihen.) Während wir also *Die schmutzigen Hände* drehten, erhielten wir die Nachricht von der Ermordung Moros. Petri war sehr betroffen. Viele Journalisten suchten ihn damals auf, weil dieser Tod in *Todo modo* vorhergesagt und gezeigt worden war. Petri erlebte ein paar stürmische Tage. Er fühlte sich, glaube ich, beinahe verantwortlich, schuldig. Aber natürlich hatte er nichts damit zu tun, er hatte nur vorhergesehen, was für ein Ende die Dinge nehmen würden.

Mein Bruder Ruggero (der ebenfalls ein Freund Elio Petris geworden war, vielleicht sogar noch mehr als ich) und ich hatten die absurdesten Ideen. Wir beschlossen, darüber mit Elio zu sprechen:

»Würdest du gerne einen Film mit uns beiden machen? *Los Ruspantos* beziehungsweise zwei ausgehungerte Cowboys, die in die Hütten von Mexikanern einbrechen, nicht um zu töten, sondern um Bohnenkonserven und Ähnliches zu stehlen? Überzeugt dich nicht? Nun, Ruggero und ich haben noch eine andere Idee: *Der Nekrophile* – die Geschichte eines merkwürdigen Typen, der wie in einem amerikanischen Horrorfilm eine Menge Leichen im Keller liegen hat, darunter auch ein paar Schneiderpuppen, die aussehen wie Sophia Loren, wie die Lollobrigida … Aber ich würdige sie nicht einmal eines Blickes, sondern ich suche mir einen kleinen Jungen aus. Also, Elio, was hältst du davon?«

Ach, es war ein Fehler, damit zu Petri zu gehen. Aufgrund der Freundschaft, die uns verband, hielten wir Elio für den idealen Regisseur, wir dachten, wir würden gut zusammenarbeiten. Aber mein Bruder und ich waren Vollidioten, denn ein engagierter Regisseur wie Petri hätte gewiß nie so einen Film gemacht.

Ruggero

Letzte Woche, während ich hier in Portugal drehte, ist mein Bruder gestorben. Ich will hier nicht von meiner Trauer sprechen; ich möchte niemanden langweilen oder ermüden. Aber es war ein harter Schlag. Ich habe nicht damit gerechnet. Niemand von uns hat damit gerechnet.
Dabei hatte sich Ruggero sein Leben lang beklagt: »Hier tut's mir weh, und da tut's mir weh.« Und ich und seine Freunde sagten: »Du bist ein eingebildeter Kranker.« Bis er es eines Tages satt hatte, daß wir uns nicht um seine Wehwehchen kümmerten, und sagte: »Wenn ich sterbe, müßt ihr auf meinen Grabstein schreiben: *Ich habe euch doch gesagt, daß es mir schlechtgeht, verdammt noch mal!*«
Es ist schwer, jetzt darüber zu sprechen.
Mein Bruder war vor allem ein Freund. Dabei weiß ich, daß Freundschaft zwischen Brüdern gar nicht so einfach ist. Er war fünf Jahre jünger als ich, aber eigentlich sah ich ihn als älteren Bruder. Mir gefiel an ihm, daß er mit beiden Beinen fest auf dem Boden stand, zumindest nach außen hin – aber auch er hatte seine wunden Punkte. Er machte sich ständig Sorgen wegen der Zukunft.
Er war sehr geistreich, trotz seiner Wortkargheit. Aber wenn er etwas erzählte oder etwas kritisierte oder eine Anspielung machte, vor allem wenn es dabei um seinen Beruf als Cutter ging, sprühten seine Worte – wie allgemein bekannt – vor Witz: vor echtem, wahrem Humor.
Einmal haben wir auch einen Film miteinander gedreht. Der Regisseur Gigi Magni wollte ihn unbedingt machen. Der Film hieß *Scipione detto anche l'Africano.* Und er spielte Scipio, genannt der Emilianer: einen geldgierigen kleinen

Politiker. Im übrigen sind inzwischen zweitausend Jahre vergangen, aber es hat sich nicht viel verändert.
In den ersten zwei Wochen haben wir nur gelacht, bis Gigi Magni wütend wurde: »Ihr blödelt nur herum. Seid doch einmal ernst!« Aber wir schafften es nicht, ernst zu sein. Bis ich eines schönen Tages von der Frau sitzengelassen wurde, mit der ich damals ein Verhältnis hatte: da verfiel ich in die düstere Stimmung, die alle kennen, die einmal verlassen, betrogen und so weiter worden sind.
Unser Team bestand zwar aus hervorragenden Schauspielern, aber wir alle waren zu diesem Zeitpunkt nicht in Hochform. Ich litt, weil ich betrogen worden war; Gassman erholte sich gerade von einer Leberkrankheit, weshalb er aussah wie ein Kater, der in der Nacht herumstreunt und am Morgen zerzaust und mit zerbissenen Ohren nach Hause kommt; Silvana Mangano, die Ärmste, war nie sehr gesprächig, sondern immer eher reserviert. Noch dazu drehten wir nachts in Pompei: nicht unbedingt eine heitere Umgebung.
Schließlich kam Gigi Magni, der sehr witzig ist, auf die Idee, ein ausgefallenes Vokabular zu benutzen: Wenn er zum Beispiel von der Kamera sprach, sagte er: »Ist die Aufbahrungshalle fertig?« Oder: »Habt ihr die Irrlichter genommen? Gut. Marcello, du gehst von diesem Grabhügel zu dem nächsten. Habt ihr den Schauspielern die Paramente umgehängt?« Ein Vokabular wie bei einem Begräbnis. Ich lernte es allerdings erst später schätzen, als mein Liebeskummer vorbei war. Aber er war sehr witzig. Wenn er morgens am Set ankam, sagte er: »Ich muß den Gräbern einen Besuch abstatten.« Er klopfte an meinen Wohnwagen: »Marcello, wie geht's?« »Gut, gut«, sagte ich, ohne auch nur die Tür aufzumachen. Dann ging er zu

Scipio der Afrikaner, *Italien / Frankreich / BRD 1971.*
Regie: Luigi Magni.

Gassman, zur Mangano: Er begab sich auf den Kreuzweg. Als *Scipione detto anche l'Africano* anlief, ging meine Mutter ins Kino. Und sie sagte zu mir: »Tja, Marcello, du bist gut wie immer. Aber der *Rotschopf* (gemeint war mein Bruder Ruggero, er hatte nämlich rote Haare), der *Rotschopf* ist besser als du.«

Die beiden Scipios*

MANGANO: Was für einen schlechten Charakter diese Scipios doch haben, du bist ja noch schlimmer als dein Vater.

MARCELLO: Klar! Ich, Publius Cornelius Scipio, auch der Afrikaner genannt, habe nämlich einen schlechten Charakter. Das ist natürlich.

GASSMAN: Wir würden gern wissen, aber nicht nur von dir, sondern mit Verlaub auch von deinem Bruder, Lucius Cornelius Scipio...

RUGGERO: ... auch der Asiate genannt, wenn ich bitten darf.

GASSMAN: Na gut, von euch beiden, Befehlshabern des römischen Heeres in Syrien, würd ich gern wissen, wo die fünfhundert Talente hingekommen sind, die König Antiochus als Anzahlung auf die Steuer nach Rom geschickt hat, die aber nie in Rom angekommen sind ... Scipios, wißt ihr nix darüber?

RUGGERO: Weißt du nix darüber?

MARCELLO: Erinnerst du dich an Papa, Gott hab ihn selig?

RUGGERO: Ach, hör auf mit den Gedenkreden.

MARCELLO: Scipio der Spanier!

RUGGERO: Der Spanier!

MARCELLO: Das war vielleicht ein Mann. Wenn der ja sagte, meinte er auch ja.

RUGGERO: Meinte er ja!

MARCELLO: Und wenn er nein sagte, meinte er nein!

RUGGERO: Meinte er nein!

* Aus *Scipione detto anche l'Africano* von Luigi Magni

MARCELLO: Wem du wohl nachschlägst?

RUGGERO: Ich bin wahrscheinlich der Sohn der Magd, dafür habt ihr mich ja immer gehalten. Du warst der schönere, angeblich sogar der intelligentere.

MARCELLO: Ich?

RUGGERO: Genau, du warst der Liebling von Papa, Gott hab ihn selig.

MARCELLO: Und du, sei du ganz still, der Liebling von Mama, Gott hab sie selig.

Dick & Doof

Als ich meine ersten Filme drehte, war mein Vater aufgrund seiner Zuckerkrankheit bereits blind, und meine Mutter war schon seit vielen Jahren taub. Wenn sie ins Kino gingen (sie sahen sich meine Filme zwei- oder dreimal an), waren sie wie Stan Laurel und Oliver Hardy, wie Dick & Doof.

Sobald sie im Saal saßen, störten sie nämlich die anderen. Meine Mutter sagte: »Was hat er gesagt? Was hat er gesagt?«, und mein Vater antwortete: »Er hat gesagt, daß ...« und so weiter. Und mein Vater, der nichts sah, fragte: »Was hat er denn gemacht? Was hat er gemacht?« Und meine Mutter erklärte ihm, was ich gemacht hatte.

Man könnte das Ganze auch sehr dramatisch darstellen, aber sie waren wirklich ein Komikerduo.

Einmal brach sich meine Mutter sogar den Oberschenkelknochen, als sie das Appio-Kino vor der Porta San Giovanni verließ: typisch römischer Gehsteig, ein Loch, sie fiel hinein und brach sich den Oberschenkelknochen. Sie beklagte sich nicht einmal sehr über ihr Pech; sie sagte nur bedauernd: »Wenn ich mir bloß einen Film mit Marcello angesehen hätte! Aber der war mit Alberto Sordi!«

Warum das letzte Filmpaar nicht an den Broadway ging

Schade, daß du eine Kanaille bist: Das war die Geburtsstunde des Paares Sophia Loren/Marcello Mastroianni: eines der letzten Paare des Kinos. Wir haben zwölf Filme miteinander gedreht, ein Leben vor der Kamera verbracht. Auch die amerikanischen Zeitungen haben es geschrieben, und es stimmt tatsächlich: Sophia und ich sind das letzte Paar des internationalen Films.
Eduardo De Filippo schlug mir und Sophia Loren vor, mit *Filumena Marturano* an den Broadway zu gehen: eine phan-

Gestern, heute, morgen, *Italien / Frankreich 1963.*
Regie: Vittorio De Sica. Mit Sophia Loren.

tastische Chance. Wir hatten bereits in De Sicas wunderbarer Verfilmung, *Hochzeit auf italienisch*, in Neapel zusammen gespielt. Aber es war durchaus denkbar, daß das Paar nach dem Krieg nach New York ausgewandert war und dort Kinder bekommen hatte. Sophia spricht ausgezeichnet Englisch, ich so recht und schlecht, aber da der Mann immer weniger intelligent ist als die Frau, hätte es durchaus gepaßt, daß ich immer noch in Neapel verwurzelt war.
»Sprichst du mit Sophia darüber?« fragte mich Eduardo. »Natürlich, ja!« Und ich rief Sophia an, die damals wie ich in Paris lebte. »Sophia, wir haben eine phantastische Chance. Eduardo will *Filumena Marturano* am Broadway herausbringen! Weißt du, was das bedeutet? Das ist ein Abenteuer, bei dem wir wieder jung werden: du machst einmal etwas anderes, spielst Theater ...« »Aber ich bin doch jung«, gab sie mir zur Antwort. »Also brauche ich nicht Theater zu spielen.«
Wie viele Schauspielerinnen hatte sie Angst vor dem Theater. Auch Catherine Deneuve habe ich einmal vorgeschlagen, Theater zu spielen ... Aber wer mit dem Film groß geworden ist, hat Angst vor dem Theater.

»Wenn die anderen dich so sähen wie ich«

Ein anderes Projekt mit Sophia Loren, das nie verwirklicht wurde, war die Verfilmung von Eduardos Theaterstück *Sabato, domenica e lunedì*. Sophia drehte den Film später mit Lina Wertmüller (ich lehnte ab: mir gefiel das Drehbuch nicht).

Die Geschichte handelt von einem bereits etwas älteren Ehepaar und der plötzlichen Eifersucht des Mannes, der seine Frau verdächtigt, ein Verhältnis mit dem Mieter aus dem oberen Stockwerk zu haben. Ich schlug vor, die Geschichte nicht in Neapel, sondern in New York spielen zu lassen, wohin das junge Paar nach dem Krieg gezogen war; dort sind auch die Kinder zur Welt gekommen, es gibt bestimmte sprachliche Verständigungsschwierigkeiten, und weil die Kinder, die in einem anderen Land zur Welt kommen ... Die Legende vom »Blut« ist falsch, der Mythos, daß »sie immer Neapolitaner bleiben« ... die Kinder sind Amerikaner; Neapolitaner sind und bleiben die Eltern.

Sabato, domenica e lunedì spielt an einem einzigen Wochenende. Das Stück beginnt mit der Zubereitung der Spaghettisauce für das Sonntagsmahl, bei dem sich schreckliche Szenen abspielen. Am Montag beruhigt und klärt sich dann alles; es stellt sich heraus, daß der Mann überhaupt keinen Grund zur Eifersucht hatte. Und die Frau, die natürlich nicht mehr so schön ist wie früher, sagt am Ende zu ihm: »Wie konntest du nur auf diese Idee kommen? Siehst du nicht, wie ich aussehe?« Und er: »Wenn die anderen dich so sähen wie ich ...«

Eine unglaublich rührende Geschichte voller Ironie. Ich

hätte diesen Film sehr gerne gemacht. Wie ich schon sagte, Sophia und ich stellen ein Paar dar, das auf ein gemeinsames Leben zurückblicken kann: wer hätte in der Rolle von Mann und Frau glaubhafter sein können als wir?

»Die Russen sind wie die Neapolitaner«

Als ich meinen ersten Film in Rußland drehte – vor inzwischen dreißig Jahren –, gab es noch Schwierigkeiten, damals gab es ja noch den Eisernen Vorhang. Auch das war in gewisser Weise ein Privileg, in dessen Genuß man durch das Kino kam: man gelangte an Orte, zu denen selbst große Tiere kaum Zutritt hatten; und wir sahen diese Russen, die uns die Propaganda immer als Ungeheuer mit drei Nasenlöchern dargestellt hatte, aus der Nähe, in ihren Wohnungen.

Mir war das russische Volk immer schon sympathisch gewesen, was nichts mit meiner politischen Haltung oder mit manchen Ideen von mir zu tun hat, sondern vielmehr damit, daß sie sich in ihrem Wesen kaum von uns unterscheiden. Es stimmt in gewisser Weise, wenn man sagt, »die Russen sind wie die Neapolitaner«. Sie sind voller Enthusiasmus, Überschwenglichkeit, Fröhlichkeit; und dann plötzlich überkommt sie eine Melancholie, daß sie am liebsten den Teller, der vor ihnen steht, vollweinen würden.

Ein phantastischer Onkel

De Sica! In Rußland, bei den Dreharbeiten zu *Sonnenblumen*: Ich erinnere mich an den Schnee, an die Kälte bei den Dreharbeiten, man sah nichts mehr. Und De Sica, in Pelze gehüllt, hatte überall Eis, in der Nase, auf den Wimpern … Wie liebenswert er doch war, wie liebenswert!

Ich habe es nie übers Herz gebracht, De Sica zu duzen. Für mich war er eine Art Onkel, ein phantastischer Onkel, einer von denen, die nur bei großen Anlässen auftauchen.

Ponti beschloß, einen Film mit Faye Dunaway zu produzieren (er hieß *Der Duft deiner Haut*). Ich las das Drehbuch und dachte, was für ein Blödsinn. Ich konnte mir nicht vorstellen, warum man einen derart banalen Film drehen sollte. Ich beklagte mich bei Ponti: »Wir haben die Gelegenheit, mit einer internationalen Schauspielerin wie Faye Dunaway zu drehen, und dann machen wir so einen Film?« »Beschwere dich bei De Sica«, antwortete mir Ponti.

De Sica war gerade bei Tonino Guerra, einem der Autoren, die am Drehbuch zu diesem Film mitgearbeitet hatten. Auf dem Weg dorthin sagte ich mir immer wieder vor: »Commendatore, dieser Film ist, verzeihen Sie mir den Ausdruck, Schwachsinn!« Lift. Klingel. Tonino Guerra öffnet mir die Tür: »Ist der Commendatore De Sica da?« »Ja, er sitzt im Wohnzimmer.« »Guten Tag, Commendatore. Dieser Film ist Schwachsinn!« Und De Sica: »Und wer soll unsere Schulden bezahlen?« Daran hatte ich nicht gedacht. Ich habe mein Geld immer sofort ausgegeben; auch De Sica, er verspielte immer alles im Casino. »Tja, wer soll unsere Schulden bezahlen?« Und so unterschrieben wir auf der Stelle. Leider wurde es kein guter Film.

De Sica! Ein phantastischer Mann. Gutaussehend, wirklich gutaussehend, er war wie ein Papst! Was hatten wir doch für Spaß miteinander! Was für ein geistreicher Mensch, ein wahrer Maestro!

Eine Entfernung von siebzehntausend Kilometern

Wenn ich ins Ausland fahre, muß ich mich bemühen, die Sprache des Landes zu sprechen, in dem ich mich aufhalte. Wenn hingegen ausländische Schauspieler in Italien arbeiten, dürfen sie ihre Sprache sprechen: Sie werden ohnehin synchronisiert. Zum Beispiel habe ich zwei Filme in Griechenland gedreht, mit Anghelopoulos, bei denen ich mich bemühen mußte, griechisch zu sprechen, weil es in diesen Ländern nicht üblich ist, zu synchronisieren.

Griechenland! Unser Team bestand aus insgesamt dreizehn Leuten, was lächerlich wenig ist im Vergleich zu einer normalen Produktion, an der mindestens dreißig, vierzig Leute beteiligt sind. Aber ich war begeistert von der Vorstellung, mit so einer kleinen Gruppe, gewissermaßen einer Familie, herumzufahren und Motive und Drehorte zu suchen. Und ich muß sagen, wir sind ganz schön herumgekommen!

Allein bei einem der beiden Filme habe ich in zwei Monaten siebzehntausend Kilometer zurückgelegt. Sie werden fragen, wie das möglich ist. Nun, leider haben die Türken während der fünfhundert Jahre ihrer Herrschaft in Griechenland nicht viel übriggelassen. Ich spreche von Nordgriechenland, Makedonien, wo Anghelopoulos immer seine Filme dreht. So kam es zum Beispiel immer wieder vor, daß meine Partnerin vor einem Hintergrund aufgenommen wurde, wo ein Gäßchen, ein kleiner Brunnen oder eine Statue zu sehen war, irgend etwas, was malerisch wirkte; wenn dann die Kamera auf mich gerichtet war, war hinter mir nichts. Und so mußten wir ein anderes Dorf suchen, das

Der Bienenzüchter, *Griechenland / Frankreich / Spanien 1986.*
Regie: Theo Angelopoulos.

womöglich hundert Kilometer entfernt war, um den »Gegenschuß« vor einem Hintergrund zu machen, der wenigstens ein bißchen schön oder aussagekräftig war.
Und so bin ich mit Ausnahme der Inseln in ganz Griechen-

land herumgekommen. Siebzehntausend Kilometer. Ohne Pause. Wenn jemand Hunger hatte, machten wir einfach die Hecktür des Lastwagens auf: dort lagen Brot, Oliven, Feta, Wein und Wasser. Zum Glück liebe ich Brot und Oliven. Mit einem Wort, es hat mir nie an etwas gefehlt. Ganz im Gegenteil, das Ganze hatte etwas Abenteuerliches, das ich aufregend fand. Es war etwas, das weit entfernt von normalen Dreharbeiten war.

Kleine Schwächen

Wenn ich davon spreche, wie sehr mir das Zigeunerleben gefällt, muß ich daran denken, daß Fellini vor vielen Jahren, gleich nach *La dolce vita,* eine wunderbare Idee hatte.
Er hätte gern Italien bei Nacht dargestellt, und zwar anhand der Polizeireviere. Ein Polizeirevier in Mestre, eins in Fiumicino, eins in Sizilien ... Also anhand dieser geheimnisvollen Orte, wo nachts alle möglichen Typen auftauchen: Huren und Betrunkene, Männer, die gerade mit ihrer Frau gestritten haben, und Obdachlose, die nicht wissen, wo sie schlafen sollen. Ich erinnere mich, daß wir voller Begeisterung sagten: »Wir kaufen uns einen großen Wohnwagen und fahren durch ganz Italien, wir halten an, wo wir wollen, und schlafen im Wohnwagen.« Wir redeten einfach so daher, ein bißchen kindisch, als sei es das Natürlichste von der Welt.
Aber die vom Fernsehen fragten Fellini nach seiner politischen Haltung. Das war damals die Zeit der Roten Brigaden, es ging immer um Carabinieri und Rote Brigaden. Sie begriffen nicht, daß Fellini daran gar nicht interessiert war, sondern daß er Italien von seiner liebenswerten, aber auch von seiner verzweifelten und humorvollen Seite zeigen wollte. Es wurde nichts daraus. Geblieben ist uns nur der Traum, umherzufahren.
Auch weil wir damals, und das wird Sie überraschen, eine Leidenschaft für Autos hatten, die uns immer einen Vorwand lieferten, um herumzufahren. Sie werden es nicht glauben: Fellini hatte einen Mercedes 300 SL, so einen mit Türen wie Möwenflügel, die sich nach oben hin öffnen. Kaum vorzustellen, Fellini mit so einem Sportwagen. Ei-

gentlich liebte er schwarze amerikanische Autos, immer nur schwarze. Und wir wetteiferten, wer sich öfter ein neues Auto kaufte: Ein lächerliches Spiel, bei dem wir jede Menge Geld aus dem Fenster warfen. Aber auch das beweist im Grunde nur – ich wiederhole es nur ungern, aber es ist nun einmal so –, wie kindisch wir waren, wie sehr auch wir *Vitelloni* waren. Jedenfalls machte uns dieses Spiel großen Spaß.

Eine Unmenge Autos habe ich gekauft! Kann man noch blöder sein? Es tut mir nur leid, daß ich sie nicht fotografiert habe. Inzwischen könnte ich eine Liste anlegen, mit einem Foto von mir neben allen Autos, die ich besessen habe: vielleicht, um meinen Enkeln zu zeigen, sofern ich überhaupt welche bekommen werde, was ihr Großvater für ein Trottel war.

Sie werden sagen: »Schon gut, aber was interessiert uns der Blödsinn, den er über seine Autos erzählt?« Ich soll von mir sprechen. Mit großen Tugenden kann ich nicht aufwarten, also spreche ich auch von meinen kleinen Fehlern, meinen kleinen Schwächen.

Paradoxe sur le comédien (Teil I)

Im *Paradoxe sur le comédien* unterscheidet Diderot sehr deutlich zwischen Schauspieler und *comédien.* Während der Schauspieler sich in die Figur hineinversetzt, nimmt der *comédien* sie in sich auf; der *comédien* geht ganz in der Figur auf, der Schauspieler hingegen drückt ihr den Stempel seiner Persönlichkeit auf. Diderot bevorzugt den *comédien.* Clark Gable, John Wayne, Gary Cooper hätten ihm nicht gefallen, denn die haben immer nur auf unwiderstehliche Weise sich selbst gespielt, egal, welche Figur sie darstellten. Diese Schauspieler (wie es sie heute nicht mehr gibt) besaßen eine derartige Persönlichkeit, daß sie die Leinwand allein mit ihrer Präsenz füllten. Sie hatten es nicht notwendig, eine Figur zu spielen.

Ich persönlich habe es nie ausgehalten, immer auf die gleiche Rolle festgelegt zu werden – vielleicht auch deshalb, weil ich vom Theater komme, wo es äußerst selten vorkommt, daß man zweimal ein und dieselbe Rolle spielt. Meiner Meinung nach muß sich der Schauspieler, egal, ob er gut oder schlecht ist, ständig verändern; genau das beflügelt ihn: die Illusion, jedesmal ein anderer zu sein – die oft eben nur eine Illusion ist, denn gut fünfzig Prozent seiner Persönlichkeit, seines Wesens bleiben immer – und stets gut sichtbar – vorhanden. Man verspürt den Wunsch, sich einen falschen Schnurrbart, einen Bart anzukleben, sich zu schminken und so weiter. Das hilft zwar, sich zu verkleiden, in Figuren zu »schlüpfen«, die uns oft sehr fremd sind, aber im Grunde …

Qualen des Schauspielers: In eine Figur schlüpfen

Ich behaupte, diesen Beruf übt man aus, um Spaß zu haben, ich möchte nicht als Snob erscheinen, aber der Begriff, den die Franzosen verwenden, gefällt mir sehr: sie sagen *jouer*, was soviel wie spielen bedeutet. Wir sagen *recitare*, rezitieren, und das klingt bereits nach etwas Vorgetäuschtem, Falschem, Gekünsteltem.
Was die »Leiden des Schauspielers« anbelangt, so habe ich des öfteren Interviews mit großen amerikanischen Stars gelesen: offenbar leiden sie und quälen sie sich, wenn sie »in eine Figur schlüpfen« sollen. Die einen schließen sich in ei-

Hilfe, mein Mann ist schwanger, *Frankreich / Italien 1973. Regie: Jacques Demy. Mit Catherine Deneuve.*

nem Kloster ein, die anderen gehen auf einen Berg, um nachzudenken.

Das verstehe ich nicht. Wenn wir diesen Beruf als Spiel betrachten und uns erinnern, wie wir als Kinder Räuber und Gendarm gespielt haben ... Weswegen sollten wir dann leiden und uns quälen?

Ich verstehe, daß man leidet, wenn man keine Angebote mehr bekommt, wenn man vergessen worden ist. Grund zu leiden hat man, wenn man Schulden bezahlen muß und keine Arbeit hat – nicht dann, wenn man spielt.

Paradoxe sur le comédien
(Teil II)

Diderots *Paradoxe* besteht im wesentlichen darin: Gefühle beschränken einen Schauspieler, lassen ihn zumindest mittelmäßig werden. Sie werden sich fragen, wie das möglich ist. Nun, das ist Diderots Meinung, und ich gebe ihm recht. Verstand und Selbstbeherrschung machen einen großen Schauspieler aus.
Vittorio Gassman und ich sagten vor kurzem in einem Interview, der Schauspieler sei eine leere Schachtel. Darin ist nichts. Der Schauspieler füllt diese Schachtel immer wieder mit Figuren; am Ende wird er zu einem Koffer voller Gesichter und Typen, und hin und wieder holt er daraus etwas hervor und benutzt es, um eine neue Figur zu spielen.
Laut Diderot hat der Schauspieler, der instinktiv, aus dem Bauch heraus spielt, gute und schlechte Tage, Hochs und Tiefs. Der Schauspieler hingegen, der auf Selbstbeherrschung setzt, ist wie ein Spiegel, der eine Szene mit immer größer werdender Genauigkeit, Kraft und Wahrhaftigkeit wiedergibt.
Aber ist es überhaupt möglich, zwischen Instinkt und Selbstbeherrschung, Bauch und Hirn genau zu unterscheiden? Tja, ich weiß es nicht. Ich versuche zwar zu begreifen, wie ich zu meinem Beruf stehe, aber es gelingt mir nicht ganz.
Sobald der Schauspieler das Set oder die Bühne verlassen hat, zieht er sich um, entledigt er sich der Schmerzen oder der Freuden der Figur, die er gespielt hat. In Wirklichkeit hat ohnehin nur das Publikum diese Gefühle verspürt. Der Schauspieler ist, wie ich schon mehrmals gesagt habe, ein

Lügner, der gestikuliert, agiert, aber eigentlich … ja, etwas spürt, aber im Grunde doch nichts spürt. Sonst würde ihn sein Beruf doch zum unglücklichsten Menschen auf dieser Welt machen, oder nicht? Wie sollte man jedesmal wieder Schmerzen und Tragödien erleben und sie dann auch noch mit nach Hause nehmen?

Qualen des Schauspielers: Aus einer Figur wieder herausschlüpfen

Spielen ist ein großes Vergnügen, etwas sehr Aufregendes. Man erfindet, erzählt Märchen, die manchmal komisch, manchmal tragisch sind – und ist doch nie wirklich beteiligt.

Das Publikum glaubt allerdings an die Qualen und Leiden des Schauspielers, über die es in der Zeitung liest. Und die Kritiker glauben auch daran. Wenn man nämlich die Sache auf die leichte Schulter nimmt und sagt, dieser Beruf sei das reine Vergnügen, wird man nicht ernst genommen. Wenn man hingegen sagt: »Ich habe ein halbes Jahr lang den Text studieren müssen …«

Und dann erst wieder aus der Figur herausschlüpfen, was für eine Schwerarbeit! Ich frage mich: »Was soll das, willst du vielleicht am Abend nach Hause kommen und weiterspielen? Da wird dir deine Frau bald was pfeifen! Willst du dich etwa an den Tisch setzen und so tun, als würdest du noch immer unter der Figur leiden?« Mit einem Wort, das halte ich doch für etwas übertrieben.

Es ist ein wunderbarer Beruf: Man wird fürs Spielen bezahlt. Und alle applaudieren. Sicher, ein bißchen was muß man schon können. Aber was will man mehr?

Bergarbeitern geht es schlechter

Zu den wenigen Dingen, die beim Film beschwerlich oder lästig sind, gehören die Drehpausen. Draußen regnet es, die Sonne versteckt sich hinter den Wolken, die Vorbereitung einer Szene zieht sich in die Länge … Man weiß dann nicht, was man tun soll; man hängt in einer Bar herum, wie wir jetzt, oder ist im Wohnwagen eingesperrt. Wenn jemand Karten spielt, geht es ihm besser, dann schlägt er die Zeit eben so tot. Aber ich kann leider nicht einmal Karten spielen. Da hat man dann einen Leerlauf, man langweilt sich, der Tag nimmt kein Ende.

Oder manchmal im Winter, wenn nachts gedreht wird, vielleicht sogar in Sommerkleidern, weil die Geschichte im Sommer spielt; oder umgekehrt, wenn man im Sommer mit Schal und Mantel spielt (wie es mir letztes Jahr in Paris passiert ist: Ich kam um vor Hitze, der Maskenbildner mußte mir ständig den Schweiß abwischen) … Dann wird das Drehen etwas mühsam.

Sicher, einem Bergarbeiter geht es schlechter – aber in solchen Momenten geht einem das Ganze schon ein wenig auf die Nerven.

Ein Kobold wie bei Shakespeare

Roberto Benigni: Wenn man ihn als »Schauspieler« bezeichnet, wird man ihm nicht gerecht. Er ist ein Kobold wie bei Shakespeare, ein Genie. Ihn bewundere ich wirklich. Wegen seines Könnens und wegen seiner Bescheidenheit im Privatleben.
Als ich vor einigen Monaten Theater spielte und das Stück Erfolg hatte, schickte er mir ein Telegramm (in toskanischem Dialekt): *»Herrgott – du solltest Schauspieler werden!«*
Lieber Roberto, ich lasse dich sehr herzlich grüßen.

Achtundachtzig Jahre!

Manoel de Oliveira ist achtundachtzig. Seine Filme habe ich nie gesehen, aber ich habe viel von ihm gehört, er gilt als einer der Gurus des internationalen Films. Die Vorstellung, mit einem achtundachtzigjährigen Mann zu arbeiten, erscheint mir als Privileg. Mit einem dreißig- oder fünfunddreißigjährigen Regisseur zu arbeiten ist normal. Aber mit einem achtundachtzigjährigen! Und er ist direkt beängstigend mit seiner Energie. Morgens um acht ist er im Pool und schwimmt, und das bei dieser Kälte!

Die letzten Monde

Vor einigen Jahren erhielt ich vom Europäischen Theater in Paris, dem Odéon, das Angebot, bei einer großen Aufführung mitzuwirken, in deren Mittelpunkt der alte Casanova als Bibliothekar auf Schloß Dux stand; das Stück stammte von einer russischen Autorin. Ich fühlte mich sehr geschmeichelt, außerdem reizte mich die Vorstellung, bei dieser großen Aufführung mitzuwirken.
Aber einige Wochen darauf ließ mir Giulio Bosetti, der Leiter des Teatro di Venezia, ein Stück von einem Triestiner Autor, Furio Bordon, zukommen: *Le ultime lune* (Die letzten Monde). Ich war beeindruckt von den dramatischen Qualitäten dieses Stücks, das mit nur drei Figuren auskam: einem alten Professor, seiner Frau und ihrem Sohn. Zum Glück ist mir die Erfahrung fremd, aber ich konnte mir durchaus vorstellen, wie dramatisch die Einsamkeit des Alters für einen Mann sein muß, der allein ist und schließlich in ein Altersheim gebracht werden soll.
Ich beschloß, das Angebot anzunehmen, auch wenn es mit der großartigen Aufführung, die mir das Europäische Theater in Aussicht gestellt hatte, gewiß nicht mithalten konnte. Ganz im Gegenteil, wahrscheinlich entschied ich mich gerade deshalb dafür, weil es sich um ein so bescheidenes Projekt handelte, um eine kleine, intime Sache, die aber meiner Meinung nach überzeugender war.
In den *Ultime lune* geht es um Tod, Einsamkeit, um den Mangel an Verständnis zwischen Vater und Sohn, um die Liebe des Professors zu seiner Frau, die viele Jahre zuvor gestorben ist (er beschwört sie in seinen Gedanken herauf). Und ich fragte mich besorgt: »Wer soll sich dieses Stück an-

sehen? Die jungen Leute kommen wahrscheinlich schon gar nicht!« Aber überall, wo wir spielten, kam das Publikum in Scharen, und »merkwürdigerweise«, also entgegen allen meinen Erwartungen, waren darunter viel mehr junge als ältere Menschen. Und deshalb denke ich, daß die Menschen letztlich, obwohl wir Tag für Tag mit Zynismus und Brutalität bombardiert werden, noch immer das Bedürfnis haben zu weinen, sich mit, sagen wir, »sentimentalen« Dingen zu beschäftigen, sich starken Gefühlen hinzugeben.

Aber wahrscheinlich habe ich diese kleine obskure Figur auch deshalb gespielt, weil ich gern etwas riskiere, denn das macht die Sache spannender, reizvoller.

Shakespeare, Goldoni, Molière, Pirandello ... Ich will nicht behaupten, daß mit Autoren dieses Kalibers alles leichter läuft, aber man ist abgesichert, geht ein geringeres Wagnis ein. Und die Befriedigung ist viel größer, wenn man einem Stück, das noch nie aufgeführt worden ist, zu Erfolg verhilft. Man stellt sich hinter einen Autor (Furio Bordon war zwar kein Unbekannter, aber einen wirklichen Erfolg hatte er noch nicht gehabt) und hält ihn über die Taufe: Ich glaube, darauf kann ein Schauspieler stolz sein.

In einem Hotelzimmer

»Nehmen Sie das. Wann kommt das Auto?«
»Um zehn.«
»Um so besser, daß dieser Regisseur … achtundachtzig Jahre! Er sagt, er müsse zehn Stunden schlafen. Ich kann mir gar nicht vorstellen, wie er das schafft. Na gut, wissen Sie, was wir machen? Wir ziehen uns im Wohnwagen um.«
»Im Wohnwagen? Dann soll ich das da mitnehmen?«
»Nehmen Sie es ruhig mit. Achtundachtzig Jahre und muß zehn Stunden schlafen. Dabei schläft man im Alter immer weniger. Ich komme inzwischen mit sechs, höchstens sieben Stunden aus!«
»Möchten Sie einen Kaffee?«
»Gute Idee.«
»*Descafeinado?*«
»*Descafeinado,* wie man hier sagt.«
»Ich bringe ihn Ihnen gleich.«
»Danke. Da. Um so besser, daß dieser … Aber da schau her. *(Singt:) Voglio vivere così – Col sole in fronte – E felice canto beatamente.* Angela! Verdammt, hier kommt man sich ja vor wie in Norwegen. Aber manchmal glaube ich auch, ich wäre bei mir zu Hause in Lucca. Ja, ein paar Zypressen müßten noch dastehen, genau, die fehlen. Aber die hügelige Landschaft sieht mehr oder weniger genauso aus.«
(Das Telefon läutet.)
»Ciao, Giulio. Ich bin gerade auf dem Sprung. Hier ist alles in Ordnung. Das Wetter spielt nicht recht mit, aber de Oliveira, der Regisseur, ist bewunderungswürdig. Auch die portugiesischen Schauspieler – ich glaube also nicht, daß es Probleme gibt. Ist gut, Premiere ist am achten Oktober.«

Auf der Bühne*

»... Und *heilig* seine Vorahnung, aufgrund deren er zum erstenmal den neuen Pyjama angezogen hatte, den ihm seine Tochter zum Geburtstag geschenkt hatte. Und *heilig* der Alte, der letzten Sonntag im Klo, auf dem Klo sitzend, gestorben ist. Es heißt, er sei an einem Infarkt gestorben, seine Verstopfung sei ihm zum Verhängnis geworden, die übermäßige Anstrengung, um den verdammten steinharten Klumpen loszuwerden, der ihn Tag für Tag quälte. Und wenn es so gewesen wäre? *Heilig* auch das.
Aber ich glaube, daß er vielleicht an gebrochenem Herzen gestorben ist. Ja, denn in diesem kleinen Klo drängen sich die Gespenster, sie kommen dir zu nah, rücken dir zu sehr auf die Pelle. Und mit ihnen häufen sich die Gedanken, die Erinnerungen. Alle drängen sich dort im Klo zusammen, alle quälen dich, während du darauf wartest, daß der Klumpen aus dir herausfällt. Und eines Morgens hältst du es vielleicht nicht mehr aus, und die Erinnerungen und der Klumpen sind stärker als du. *Heilig* somit auch dieser Morgen.
Und *heilig* auch der griesgrämige und einsame Alte, der eines Tages nicht mehr von seinem Sitz aufsteht. Sie werden ihn mit geschlossenen Augen finden, die Hände steif auf den Knien, während ihm sein Kopfhörer noch immer einen Choral von Bach vorspielt.
Ich möchte mir nur den Zeitpunkt aussuchen. Aber wer möchte das nicht?«

* Modena, Teatro Storchi. Auszug aus dem Stück *Le ultime lune* von Furio Bordon. Regie: Giulio Bosetti.

Paradoxe sur le comédien
(Dritter und letzter Teil)

Ich glaube, zwischen einem Schauspieler und der Figur, die er spielt, sollte es immer eine Distanz geben. Mehr noch, man sollte immer mit ironischem Augenzwinkern spielen, als würde man sagen: »Ach, stell dich nicht so an, denk daran, daß du nur spielst, schließlich steckst du nicht in der Haut dieser Figur.«

Auch wenn man sich hin und wieder zu Gefühlen hinreißen läßt – was einem Schauspieler nie passieren dürfte: der Schauspieler soll das Publikum zum Weinen bringen, nicht sich selbst, nie. Trotzdem kann es passieren, weil vielleicht in einem bestimmten Stück etwas vorkommt, was einem persönlich nahegeht.

In dem letzten Stück, in dem ich gespielt habe, in dem ich noch immer spiele – *Le ultime lune* –, gibt es ein paar Augenblicke, in denen ich feuchte Augen bekomme. Das ist mir sehr peinlich, denn es bedeutet, daß ich nicht die nötige Distanz zu meiner Rolle habe: der Schauspieler muß sie und sich selbst beherrschen; er muß sich der Stimmung im Publikum anpassen, sich eine bestimmte Atmosphäre, die entstanden ist, zunutze machen oder sie eindämmen.

Nun gut, das sind lauter Sachen, die vielleicht andere Schauspieler, die mehr Theatererfahrung haben als ich, besser beschreiben können. Vittorio Gassman zum Beispiel, der für mich der Größte ist und bleibt, unter anderem auch deshalb, weil ich an seiner Seite begonnen habe, professionell zu spielen.

Ich erinnere mich, daß mir Gassman bei den Proben zu einer Tragödie von Vittorio Alfieri, *Oreste* (ein Versdrama,

Oreste, *von Vittorio Alfieri, Teatro Quirino, Rom 1949.*
Regie: Luchino Visconti.

und die Verse stellten eine große Schwierigkeit für mich dar, weil ich keine akademische Ausbildung besaß), hin und wieder in der Garderobe Lektionen erteilte, ohne daß Visconti, der Regie führte, etwas bemerkte. Am Abend der Premiere im Teatro Quirino in Rom war ich allerdings so aufgeregt, daß mich Gassman aus der Toilette holen mußte. Ich mußte ununterbrochen pinkeln. Er packte mich wie eine Katze: »He! Was soll das, wir müssen auf die Bühne!« Und ich knöpfte mir im Laufen die Hose zu.
Daran erinnere ich mich sehr gerne, denn es bedeutet, daß wir zutiefst von dem überzeugt waren, was wir taten. Ich bin zwar immer noch davon überzeugt, und wie, aber, und das ist der Vorteil der Erfahrung: Man macht sich nicht mehr in die Hose, der Mund ist nicht mehr so trocken, daß man irgendwo hinter den Kulissen ein Glas Wasser hinstellen muß, damit die Zunge nicht so belegt ist und man – vor lauter Angst! – kein Wort mehr herausbekommt.

Rührung

Ich möchte nicht den Eindruck erwecken, ein Muttersöhnchen zu sein. Aber man braucht nur von seiner Mutter zu sprechen, und schon kommt man in den Geruch, eines zu sein. Aber andererseits, wer ist wichtiger als die eigene Mutter? Hin und wieder, bei irgendwelchen Preisverleihungen, ertappe ich mich dabei, daß ich an sie denke. Ich stelle mir vor, sie wäre hier: ihr zurückhaltendes Lächeln, die mühevoll unterdrückte Rührung, wo sie doch immer so stolz war, wenn ihr Sohn einen Preis bekam. Ja, all das mag banal klingen, ist es aber nicht.

Vor einigen Jahren wurde ein europäischer Preis ins Leben gerufen, eine Art europäischer Oscar namens Felix: eine gräßliche, monströse Statuette. Zum erstenmal wurde dieser Preis in Berlin vergeben. Ich erhielt ihn gemeinsam mit Ingmar Bergman und einem berühmten deutschen Schauspieler, an dessen Namen ich mich nicht erinnere. Und weil für mich Deutschland immer mit Erinnerungen an den Krieg verbunden ist, war ich völlig überrascht, als ich in dem Berliner Theater ankam und sah, daß das Publikum Abendgarderobe trug. Als ich eintrat, erhoben sich alle von ihren Sitzen.

In diesem Augenblick mußte ich an meine Mutter denken. »Die Ärmste«, sagte ich zu mir. »Wenn sie mich jetzt sähe, wie ich in Berlin einen Preis erhalte!« Ich gestehe, daß meine Augen feucht wurden. Und schon hatte mich die Fernsehkamera – zooom! – ertappt. Es war mir sehr peinlich. Weil es einfach zu meinen Grundsätzen gehört, daß man sich in meinem Beruf nicht von Gefühlen hinreißen lassen darf.

Der Geruch des Holzes

Sofern ich nicht als Komparse auftrat, verbrachte ich fast alle Ferien in der Werkstätte meines Vaters und meines Großvaters – einem kleinen Laden, einer kleinen Garage mit zwei Werktischen, beide waren nämlich Tischler.
Wenn mein Vater zu Mittag wegging, sagte mein Großvater, ein wortkarger Mensch, zu mir: »Kehr das Sägemehl und die Späne vom Boden auf. Nimm das Glaspapier und schmirgle das hier ab. Und wenn du dann noch Zeit hast, schleif das Werkzeug.« Ich sagte zu ihm: »Und wann soll ich essen gehen?«
Aber im Grunde war ich gar nicht so unzufrieden, denn ich schätzte die Arbeit der beiden Männer, die übrigens immer miteinander stritten. Mein Vater sagte: »Jetzt arbeitest du schon einen ganzen Tag an diesem Küchenstuhl! Wieviel willst du von dieser Frau verlangen?« Und mein Großvater: »Es ist meine Pflicht. Die Dame aus dem dritten Stockwerk hat ihn mir geschickt, ich muß ihn reparieren.« Den Generationenkonflikt gab es also schon damals.
Ich genierte mich ein wenig. Mit ungefähr fünfzehn, sechzehn Jahren begann ich den Mädchen nachzuschauen. Hin und wieder sagte mein Großvater zu mir: »Nimm die Werkzeugtasche. Wir müssen einen Rolladen reparieren gehen, der nicht mehr funktioniert.« Wer weiß, vielleicht wohnte in dem Haus, in das wir gingen, ein Mädchen, dem ich schöne Augen gemacht hatte; und nun kam ich mit der Werkzeugtasche daher ... Ehrlich gesagt, ich genierte mich. Aber in der Erinnerung sind diese Jahre sehr schön.
Der Geruch des Holzes zum Beispiel. Wer ihn nicht kennt, weiß gar nicht, wie gut er ist. Der Geruch des Holzes, ver-

mischt mit dem Schweiß meines Vaters und meines Großvaters. Er fluchte, und weil er Pfeife rauchte, spuckte er auch.

Ich glaube, aus diesen Erfahrungen habe ich auch etwas gelernt: eine gewisse Vertrautheit mit den kleinen Dingen, und somit eine gewisse Bescheidenheit.

Weihnachten im Hause Mastroianni

Als besonders großartig sind mir die Feste, die Weihnachtsfeiertage in Erinnerung geblieben. Ich weiß nicht, ob Weihnachten heutzutage noch so gefeiert wird. Mein Großvater hatte zehn Kinder, Söhne und Töchter, und zu Weihnachten kamen sie alle: die einen aus Turin, die anderen aus Orbetello ... Sie waren über ganz Italien verstreut, und sie kamen alle mit ihren Ehefrauen, Ehemännern und den Enkeln. Wir verbrachten ein paar außergewöhnliche Abende.

Das waren die seltenen Gelegenheiten, bei denen viel gegessen wurde. Meine Großmutter machte eine Art Torte, ein Risotto, das aussah wie eine Torte; darin waren kleine Fleischbällchen und ein paar Erbsen. Ich glaube, in Neapel nennt man das *sartu*. Da wir aus der Ciociara stammen, sind wir gewissermaßen indirekte Abkömmlinge Neapels.

Und erst die Geschichten!

Als mein Großvater beim Militär war, ging er mit meiner Großmutter in die Oper, die damals Teatro Costanzi di Roma hieß. Mein Großvater war bei der Artillerie und trug Degen und Sporen. In der Galerie fiel er hin, und sein Degen und seine Sporen klirrten derart, daß man beinahe die Aufführung unterbrochen hätte! Über diese Geschichte, die jedesmal wieder erzählt wurde, lachten wir wie verrückt.

Genau wie in einer Komödie auf italienisch

Es waren harte Jahre. Um nicht zum Militär gehen zu müssen, bewarb ich mich beim Istituto Militare Geografico di Firenze um eine Stelle als Zeichner. Ungefähr dreißig junge Männer aus Rom wurden aufgenommen, darunter auch ich.

Sie schickten uns nach Florenz. Wir hielten uns für Glückspilze, denn im Gegensatz zu Rom gab es in Florenz etwas zu essen. Nach einem Monat wurden wir allerdings nach Dobbiaco gebracht, das nur wenige Kilometer von der österreichischen Grenze entfernt ist. Das ganze Istituto Militare übersiedelte dorthin, war mittlerweile jedoch den Deutschen unterstellt. Ich blieb einige Monate dort, dann stellte ich mir einen Ausweis aus, einen gefälschten Passierschein (damals konnte ich ordentlich zeichnen), und schlug mich damit nach Venedig durch.

In dieser Zeit, in der ich im Untergrund lebte, hatte ich keine Nachrichten von meiner Mutter, meinem Vater – und vor allem wußten *sie* nicht, was aus mir geworden war. Aber wie in einer Komödie auf italienisch hatte ich in den Monaten, in denen ich mich in Venedig versteckte, immer an sie gedacht und vorsorglich Bohnen gehamstert, einen ganzen Koffer voll.

Auf einem Tankwagen sitzend, kehrte ich nach Rom zurück, mit der einen Hand hielt ich mich am Einfüllstutzen fest, und mit der anderen drückte ich den Koffer mit den Bohnen fest an meine Brust. Der Fahrer lud mich in der Nähe unserer Wohnung ab.

Endlich zu Hause: Mama, Papa, mein Bruder Ruggero,

Küsse, Umarmungen, Tränen. Und dann: »Schaut, was ich euch mitgebracht habe: einen Koffer voller Bohnen!«
Allerdings arbeitete mein Bruder seit der Ankunft der Amerikaner als Kellner im Hotel Excelsior: Ich brauche Ihnen also nicht zu sagen, was für Köstlichkeiten er nach Hause brachte! Ich glaube, mein Vater ist auch deshalb an Diabetes gestorben, weil er zuviel aß, zu viele Süßigkeiten, Schokolade, zuviel von allem.
Und ich hatte einen Koffer voller Bohnen gehamstert! Genau wie in einer Komödie auf italienisch.

»Etwas zu trinken?«

Ach, die Sonntage! Die Tanzpartys, die wir sonntags veranstalteten, einmal bei mir, dann wieder bei einem Freund – aber immer erst nachdem Papa ins Gasthaus gegangen war, denn er hätte uns das nicht erlaubt, und stets bereit davonzulaufen, bevor Papa wieder nach Hause kam.
Zunächst zogen wir los, um Platten zu besorgen, vor allem amerikanische: Armstrong, Duke Ellington ... In der Via Cavour in Rom gab es einen kleinen Laden, in dem man ein Grammophon (eines zum Aufziehen) und Platten ausleihen konnte.
Diese Tanzpartys zu Hause waren etwas völlig Harmloses: »Du bringst dieses Mädchen mit – sie hat eine Freundin, bring ruhig auch sie mit ...« Unsere Wohnung bestand aus Schlafzimmer, Küche und einem kleinen Wohnzimmer. Um einen Kuß zu bekommen, gebrauchten wir folgenden Vorwand: »Wolltest du nicht etwas trinken? Komm, gehen wir rüber in die Küche.« Zu trinken gab es dann ein Glas Wasser, etwas anderes gab es ja nicht.
Natalino Otto, Kramer mit seiner Ziehharmonika oder die großartigen amerikanischen Musiker: und alle warteten auf die *liberators,* die Befreier, die – leider! – nie kamen.

Berge

Die Berge, die Alpen, haben es mir besonders angetan. Auch das ist wie so vieles ein Relikt aus meiner Jugend, als ich und mein Bruder von meinem Vater alles über den Weltkrieg in Erfahrung bringen wollten, über Caporetto, die Österreicher. Und für uns wurden diese Erzählungen zu einer Art Legende, zu etwas, was das Fernsehen bei weitem übertraf, denn im Fernsehen gibt es kein Geheimnis. So haben diese ersten, mit den Bergen verbundenen Eindrücke …

Und dann mit elf, zwölf, dreizehn Jahren die ersten Ausflüge: die Zeltlager in den Dolomiten mit den Balilla! Können Sie sich vorstellen, was das bedeutete? Für jemanden, der außer dem eigenen Wohnviertel noch nichts gesehen hatte?

Die Ankunft in den Dolomiten, lauter gewaltige, beeindruckende Dinge: die Wälder, die Wiesen, die Flüsse, das reine Wasser der Gebirgsbäche. Die Äpfel, die wir in den Gärten klauten, diese schönen grünen Äpfel, die so hart und saftig waren! Die Heidelbeeren, die Himbeeren; die Wanderungen, die Ausflüge … Gewiß, für ein Kind hat alles eine andere Bedeutung, ist alles außergewöhnlich. Sogar der Blechnapf, aus dem wir am Morgen den Milchkaffee tranken. Und wir mußten unsere Wäsche selber waschen. Ich erinnere mich, daß wir die Taschentücher wuschen und an die Fensterscheiben klebten. Wenn wir sie abnahmen, waren sie trocken und wie gebügelt. Die Hosen hingegen legten wir unter den Strohsack, damit sie eine Bügelfalte bekamen …

All das hat mich nachhaltig beeindruckt. Und wenn ich

mich daran erinnere, spüre ich eine viel größere Begeisterung und manchmal auch eine größere Rührung als bei den Erinnerungen an den Beruf, den ich ausgeübt habe und noch immer ausübe, auch wenn er mir noch soviel Freude gemacht hat.

Mit dem Wind davonfliegen

So oft habe ich jetzt »Ich erinnere mich« oder »Da fällt mir ein« gesagt ... Aber die Erinnerung ist wichtig – für alle, egal welchen Alters. Die Erinnerung an alles mögliche: an einen Schlager, ein Ereignis; an eine Speise, denn vielleicht ist sie mit einem ganz besonderen Augenblick verbunden, einer Begegnung, einem Fest. Und so auch die Gerüche oder eine Landschaft.

Ich habe eine Vorliebe für Science-fiction. Es gibt sogar einen Science-fiction-Film, *Blade Runner*, in dem der Replikant leidet, ganz schrecklich leidet, weil er keine Vergangenheit, keine Erinnerung hat. Auch daran können wir ermessen, wie wichtig sie ist.

Ich erinnere mich an ein Lied der Navajo-Indianer – ich weiß nicht mehr, ob ich es gelesen oder in einem Film gehört habe –, das so lautet:

Erinnere dich an alles, was du gesehen hast
denn alles, was du vergißt
wird mit dem Wind davonfliegen.

Wie spät ist es? *Italien 1989. Regie: Ettore Scola.*
Mit Massimo Troisi.

Wie ein Luftschiff

Sehen Sie diese Eisenbrücke, diesen kühnen Bogen dort über dem Douro? Sie ist nach Dona Maria, einer portugiesischen Königin, benannt und wurde vom Ingenieur Eiffel entworfen, den alle kennen, weil er den berühmten Eiffelturm in Paris gebaut hat.

Wenn ich solche »Objekte« sehe, tut es mir ein wenig leid, daß ich nicht Architekt geworden bin, wie ich es mir einmal gewünscht habe. Wer weiß, ob ich gut gewesen wäre. Ein Architekt errichtet feste, bleibende Dinge. Was aber bleibt von meinem Beruf? Schatten, chinesische Schattenspiele.

Ich habe immer davon geträumt, Häuser zu bauen, und ich habe mir auch tatsächlich welche bauen lassen, mit dem Geld, das ich beim Film verdient habe, nicht als Architekt.

Mein ideales Haus hätte ich mir gern vom Ingenieur Eiffel bauen lassen: einen Eisenmast, einen Turm mit einem Lift darin: und an der Spitze ist ein Luftschiff verankert. So stelle ich mir mein ideales Haus vor: Man schläft im Norden ein und wacht im Süden auf. Das Luftschiff bewegt sich nämlich mit dem Wind. Leider lebt Ingenieur Eiffel nicht mehr, und mein ideales Haus ist ein Traum geblieben.

Als ich dem Maler Rauschenberg davon erzählte, fertigte er ein kleines Bild für mich an, so wie es seine Art war, aus Zeitungsausschnitten und Papierschnitzeln; darauf war ein Türmchen zu sehen, das in den Himmel ragte und an dessen Spitze ein Luftschiff verankert war, die Wohnung befand sich unter der Kabine. Ehrlich gesagt, das wäre gar nicht schlecht.

La dalle und die Ameisen

Eines Morgens lud mich ein befreundeter Architekt aus Paris, der von meiner Leidenschaft für Architektur wußte, zu einer Tagung ein, die in einem Kulturzentrum in der Nähe von Paris stattfand: einer internationalen Tagung, an der Architekten und Ingenieure teilnahmen – all jene, die die berühmte *Défense* entworfen hatten, das etwas futuristisch wirkende Pariser Stadtviertel mit den vielen Wolkenkratzern, das ein wenig an New York erinnert.

»Gut«, sagte ich, »es ist mir ein Vergnügen, dich zu begleiten.« Als die Tagung zu Ende ging, die von neun Uhr morgens bis halb zwei gedauert hatte, sagte der Veranstalter: »Unter uns befindet sich Marcello Mastroianni. Kommen Sie bitte auf die Bühne.« Sehr verlegen antwortete ich: »Weshalb soll ich auf die Bühne, was soll ich sagen? Hier sitzen lauter Koryphäen, was sollte ich da sagen?«

Thema der Veranstaltung war die *dalle. Dalle* bezeichnet im Französischen jede Art von Oberfläche; es kann sich dabei um eine Betonplatte oder eine Fliese handeln, um alles, was die Unebenheit des Bodens ausgleicht. Auf diesen *dalles* werden unter anderem Autobahnen gebaut oder große Gebäude errichtet, denn da sie die Unebenheit des Bodens ausgleichen, bilden sie das Fundament, auf dem man bauen kann.

Ich gab irgendwelchen Blödsinn von mir: »Angesichts der Tatsache, daß wir seit neun hier sind und es inzwischen halb zwei ist, erinnert mich die *dalle* an einen Toast, der aus zwei *dalles* besteht, mit Schinken dazwischen.« Tosender Applaus! Alle hatten nämlich schon einen Bärenhunger, alle wollten essen gehen. Und ich fuhr fort: »Aber ja, auch eine Raumstation ist eine *dalle;* und im Grunde wurde auch Venedig auf einer *dalle* errichtet.« Ich führte also ein paar solche mehr oder weniger banale Beispiele an, die jedoch großen Anklang fanden.

»Ich bedaure als einziges«, sagte ich, »daß diese moderne Form des Bauens den Kindern die Erde weggenommen hat: Es gibt keinen Platz mehr zum Fußballspielen, keinen Ort, an dem man beobachten könnte, wie die Ameisen im Gänsemarsch ihre kleinen Strohhalme tranportieren und in einem geheimnisvollen Loch verschwinden.« Frenetischer Applaus.

Das Protokoll der Tagung wurde in einem Buch veröffentlicht. Meine kleine Ansprache kam auf die erste Seite, als ob ich bedeutende Dinge gesagt hätte. Der Oberingenieur dankte mir und sagte: »Bei meinem nächsten Projekt werde ich ein schönes Stück Erde für die Kinder frei lassen.«

Die Franzosen besitzen eine gewisse Großzügigkeit, vielleicht weil ich bekannt bin, was es den Leuten leichter macht, mich willkommen zu heißen. Die Franzosen sind ja ein wenig versnobt, mehr als die Engländer; die Engländer sind nicht versnobt, sondern gleichgültig. Paris ist jedoch sehr kultiviert.

Avant-propos*
(Auszug)

Marcello Mastroianni hat an der von den Ateliers d'Eté de Cergy organisierten Diskussion teilgenommen, deren Arbeit Anlaß für dieses Buch ist. Er war so freundlich, sich als kenntnisreicher Neuling zu den dalles *zu äußern (bevor er Schauspieler wurde, hat er Architektur studiert).*

»Als man mir von den *dalles* erzählte, dachte ich zuerst an die kleinen *dalles* aus Plastik, die als Bodenbelag dienen; ich wußte nämlich nicht, daß dieser Ausdruck im Französischen auch die großen Betonplatten bezeichnet, die für alles mögliche verwendet werden. Sofort darauf ist mir das Bild der bombardierten Städte eingefallen, wo überall Stahlbeton zum Vorschein kam, aber das ist ein Bild aus meiner Jugend, daran ist wohl das Alter schuld ...
Scherz beiseite, ich persönlich glaube, daß wir uns erst am Beginn einer Epoche befinden, die eine ganz eigene Städteplanung entwickelt hat, wenn auch natürlich nicht erst seit gestern. In *Metropolis*, einem Film, der aus den dreißiger Jahren stammt, sieht man bereits eine Stadt, die auf *dalles* hätte errichtet sein können. Auch Venedig mit seinen auf Pfählen errichteten Palästen ist bereits ein Beispiel für diese Bauweise. In unseren Städten zeichnet sich diese Tendenz also schon seit geraumer Zeit ab, und sie wird sich zweifellos weiterentwickeln.
Sicher, man kann immer der Vergangenheit nachweinen und beklagen, daß die Schotterstraßen aus der Zeit meiner

* Vorwort zu *L'urbanisme des dalles. Continuités et ruptures. Actes du Colloque des Ateliers d'Eté de Cergy.* Presse de l'Ecole des Ponts et Chaussées.

Kindheit verschwunden sind. Dort sonnten sich Eidechsen, und wir verbrachten Stunden damit, einer Grille oder einer Ameise zu folgen, um zu erfahren, wo sie sich versteckten; und zum Entsetzen unserer Mütter spielten wir dort im Dreck. Die Straße war unser liebster Spielplatz, und natürlich läßt sich auf den *dalles* nicht so schön spielen; aber das ist lange her, und die Dinge haben sich verändert …

Heute macht man keinen Einkaufsbummel mehr. Man fährt mit dem Auto oder dem Motorrad, oder man bleibt zu Hause und schaut fern, jedenfalls geht man nicht mehr spazieren. Oder man riskiert, sich von einem Auto überfahren zu lassen. Ich denke dabei an die engen Straßen Roms. Wenn mit Hilfe der *dalles* Zonen geschaffen werden könnten, aus denen der Verkehr verbannt bliebe, wenn dadurch Teile der Stadt für Spaziergänger reserviert werden könnten, dann bin ich ganz dafür.

In Rom gibt es nur zwei U-Bahn-Linien, weil man wegen der Ruinen aus der Römerzeit keine Grabungen durchführen kann. Warum aber verlegt man nicht eine *dalle,* die es ermöglichen würde, die Ruinen zu besichtigen, in ihnen spazierenzugehen und sie zu erforschen? Die es ermöglichen würde, dort mit öffentlichen Verkehrsmitteln herumzufahren? An bestimmten Orten und aus bestimmten Gründen könnten die *dalles* äußerst nützlich sein und den Menschen das Leben erleichtern. Aber eigentlich brauchen wir uns nur umzusehen, um festzustellen, daß wir von *dalles* umgeben sind: Das Theater zum Beispiel ist eine *dalle,* mit den Kulissen darauf und den Maschinen und Arbeitern darunter. Aber man kann sogar ein einfaches Bett als *dalle* betrachten, und das ist ja ein recht bequemer Ort …«

Marcello Mastroianni
Comédien

Rom/Paris

Paris und Rom: meiner Meinung nach sind das die beiden schönsten Städte auf der ganzen Welt. Dabei glaube ich nicht, daß ich alles Ausländische bevorzuge, denn ich fühle mich als Europäer. Für mich ist Paris genauso eine europäische Provinz wie Rom.

Was will man mehr ?

Paris: eine Metropole, in der man den Vorteil genießt, anonym zu bleiben (was zumindest in meinem Beruf sehr wichtig ist), auch wenn sie mit ihren vielen Millionen Einwohnern ein wenig verwirrend ist. Eine gut organisierte, saubere Stadt, in der die Dienstleistungsbetriebe funktionieren, die Museen, die Konzerthäuser, die Theater, die Kinos, in denen alte und neue Filme gezeigt werden. Mit einem Wort, in Paris gibt es einfach alles. Alles, was man sich als vielseitig interessierter Mensch nur wünschen kann. Ich persönlich brauche nicht viel; mir genügt die Vorstellung, daß sich alles, was mein Herz begehrt – kulturelle Genüsse oder flüchtige Vergnügungen –, in Reichweite befindet.

Andererseits habe ich Rom: ein großes Dorf mit einer großen Geschichte. Es erübrigt sich wohl, auf die antiken Monumente hinzuweisen, auf ebendiese Atmosphäre wie in einem großen Dorf, in dem die Zeit ein wenig stillgestanden ist. In dieser schönen Stadt (wo vieles nicht funktioniert) habe ich meine Wurzeln. Ich glaube, besser kann man es nicht treffen: Rom und Paris. Meine beiden Lieblingsstädte. Ich glaube, ich habe großes Glück.

Meine berufliche Aktivität hat sich vor allem in Rom und in Paris abgespielt. Ich habe viele Filme in Paris gedreht.

Ich habe eine Tochter in Paris, ich habe eine Wohnung gemeinsam mit meiner Frau, diese Dinge sind mir wichtig.
In Paris habe ich auch nach etlichen Jahren zum erstenmal wieder Theater gespielt. Mein Französisch reichte aus, denn es ging dabei um einen Emigranten, der in Paris Karriere gemacht hatte. Das Stück hieß *Cin cin* und stammte von François Billetdoux, einem französischen Autor. Regie führte niemand Geringerer als Peter Brook. Es war wirklich ein schöner Erfolg. Ein paar Jahre später habe ich in Paris noch einmal Theater gespielt, im *Mechanischen Klavier* unter der Regie von Michalkow.
Mit einem Wort, auch ich könnte den üblichen Spruch von Josephine Baker zitieren: »*J'ai deux amours – mon pays et Paris*« … Aber in gewisser Hinsicht stimmt es.

Ein befreundeter Regisseur

Marco Ferreri: Unseren ersten gemeinsamen Film haben wir vor mehr als dreißig Jahren in Rom gedreht, *L'uomo dei cinque palloni.* In Paris hingegen haben wir das berühmte *Große Fressen* gedreht, *Berühre nicht die weiße Frau, La cagna.* Lauter Filme, die für das Kino sehr wichtig waren.
Ferreri ist ein Regisseur, der den Schauspielern Freiraum läßt, sie nicht erdrückt. Wenn er bemerkt, daß ein Schauspieler eine hübsche kleine Idee hat, läßt er ihn gewähren,

Während der Filmaufnahmen zu Break-up, *Italien / Frankreich 1965. Regie: Marco Ferreri. Mit Marco Ferreri.*

erlaubt er ihm, sie zu realisieren. Und so hat sich im *Großen Fressen* ein wunderbares Gleichgewicht ergeben. Keiner von uns – weder Michel Piccoli noch Noiret, noch Tognazzi, noch ich – hat sich in den Vordergrund gedrängt. Wir haben uns so gut verstanden, daß wir während der zweimonatigen Dreharbeiten jede Menge Spaß hatten; und um die Wahrheit zu sagen, wir haben auch viel gegessen, das war ebenfalls ein Spiel geworden. Damit möchte ich sagen, wie gut Marco es versteht, die Leute zusammenzuhalten, eine Gruppe von Personen zusammenzustellen und sie auf optimale Weise zu führen, ein ideales Arbeitsklima zu schaffen. Mit Marco verbindet mich eine Freundschaft, die über das Berufliche hinausgeht. Meiner Meinung nach hat er eine große Tugend: Er spricht wenig. Es kommt immer wieder vor, daß wir sehr lange schweigen, was äußerst entspannend ist. Aber wir verstehen uns trotz unseres Schweigens. Ich mag die Art und Weise, wie er die Welt, die Dinge, die Menschen sieht – er blickt immer weit über die eigene Nasenspitze hinaus. Er ist originell. Ich mag ihn sehr, auch als Freund. Er ist anhänglich.

Der Tunnel unter dem Tiber

Seit mehr als dreißig Jahren sage ich nun: »Wir haben in Rom einen derart höllischen Verkehr, warum baut ihr nicht einen Tunnel unter dem Tiber?«

Dieser dreckige gelbe Tiber, den man im übrigen nicht einmal sieht. Ja, im Gegensatz zu beinahe allen Flüssen der Welt – der Seine zum Beispiel, der Themse, dem Hudson in New York –, die man von der Straße aus bewundern kann, fließt unser Tiber da unten eingezwängt wie in einer Abflußrinne, einem Abflußkanal.

Warum also nicht einen künstlichen Kanal bauen, der von Rom bis zum Beispiel nach Ladispoli führt? Wäre das so schwierig? Den Suezkanal hat man mehr oder weniger mit bloßen Händen gebaut; mit den Maschinen, die es heute gibt, wäre das eine Kleinigkeit. Man leitet den Fluß um, säubert schön das Flußbett, baut einen schönen Tunnel, durch den man den ganzen Verkehr leiten kann, und führt den Tiber in sein ursprüngliches Bett zurück: Jedoch nicht, ohne zuvor das Wasser geklärt zu haben.

Der Wasserspiegel des Flusses würde dadurch steigen: Sie werden einwenden: »Und die Bögen? Die Brücken?« Nun, ein paar Meter könnte man ihn schon heben. Oder man gräbt tiefer. Verdammt noch mal! Die Franzosen und die Engländer haben einen Tunnel unter dem Meer gegraben, unter dem Ärmelkanal. Ich garantiere Ihnen, ein Tunnel unter dem Tiber würde viele Probleme lösen.

Und kommen Sie mir ja nicht damit, daß unter dem Tiber archäologisch wertvolle Fundstücke liegen: Davon ist zwar ständig die Rede, aber wir bekommen sie nie zu Gesicht.

Im Rollstuhl und noch dazu taubstumm

Einer meiner »Träume« bestand darin, wie Perry Mason einen Film im Rollstuhl zu drehen. Das wäre meiner Faulheit sehr entgegengekommen. Im Rollstuhl und noch dazu taubstumm, so daß ich mich überhaupt nicht hätte anstrengen müssen. Das Publikum ist ja so naiv, das hätte sofort gesagt: »Man stelle sich vor: Er sitzt im Rollstuhl, spricht nicht, hört nicht – und wir haben ihn trotzdem verstanden!« Und vielleicht hätte ich dafür sogar einen Oscar bekommen; vielleicht sogar zwei oder drei: einen für den Rollstuhl, einen, weil ich taub bin, und einen, weil ich stumm bin.

Um Himmels willen, ich nehme es niemandem übel, wenn er mit so einer Rolle einen Oscar gewonnen hat. Die Kritiker sprechen eben sehr auf die Unglücksmasche an.

Und im Rollstuhl saß ich ja auch nicht.

Tarzan!

… Lauter Projekte, die nie realisiert wurden, lauter schräge Ideen. Eine Idee habe ich besonders hartnäckig verfolgt: »Wenn ich alt bin, möchte ich Tarzan spielen.« Warum eigentlich nicht? Ein humoristischer Film mit melancholischem Unterton, immerhin geht es darin um das Problem und das Drama des Alters am Beispiel dieses freundlichen Helden, von dem heute keiner mehr spricht. Heute haben die Helden Maschinengewehre, treten einander in die Hoden, schießen einander in den Mund … Und für Tarzan interessiert sich keiner mehr.

Auf diese Idee mit Tarzan bin ich eigentlich gekommen, weil ich in einer Villa am Anfang der Via Appia Antica wohnte. Ich hatte gerade ein Paar aus Abessinien, Äthiopien, angestellt, Mann und Frau (Personal war immer schwer zu finden). Am Anfang ging alles gut. Aber dann, eines Sonntags, kam ich zufällig in die Küche und sah noch ein Paar aus Abessinien. Es kam mir ganz normal vor, daß Verwandte oder Bekannte auf Besuch kamen. Aber je mehr Sonntage vergingen, desto mehr bevölkerte sich meine Küche. Vielleicht fühlten sie sich durch mein doch recht demokratisches, großzügiges Verhalten darin bestärkt, immer mehr Leute einzuladen.

Bis ich mir eines Tages sagte: »Irgendwann werde ich von Dreharbeiten heimkommen und feststellen, daß sie im Garten ein Zelt aufgestellt und ein Feuer angezündet haben; dann werden es bald zwei, drei, vier Zelte sein; sie werden um Feuerstellen herumsitzen und Trommeln schlagen. Und ich werde gezwungen sein, mich auf einen Baum zurückzuziehen. Genau wie Tarzan!«

Im übrigen habe ich damit vorausgesehen, was im Augenblick vor sich geht, weil sich nie jemand um diese Länder gekümmert hat. Ich habe leicht reden, es ist schließlich eine alte Geschichte: Wir profitieren ständig von diesen Ländern, tun jedoch nichts dafür, daß diese Leute darauf verzichten, in Ländern zu leben, in denen man sie nicht haben will. Warum baut man nicht dort Fabriken, Schulen, Straßen, wo man sie braucht? Jetzt beklagen wir uns: »Sie kommen alle zu uns!« Sicher. Hier gibt es etwas zu essen, dort nicht.

Aber diese Idee, mich auf die Bäume zurückzuziehen … Der Garten meiner Villa grenzte an die Mauern der Porta San Sebastiano, und ich stellte mir vor, ich würde auch über diese Mauer laufen. Die Fahrer der Busse, die den Touristen »Rome by day/Rome by night« zeigten, hatten begriffen, daß es den amerikanischen Damen mit den blaugefärbten Haaren sehr gefiel, wenn sie anhielten und sagten: »Hier wohnt Marcello Mastroianni, *the movie star*!« Und ich stellte mir vor, wie der Fahrer plötzlich rief: »Daaa ist er, daaa ist er! Er versteckt sich hinter den Zweigen. Da, da, jetzt läuft er über die Mauer!«

So einen Film hätte ich gerne gedreht. Etwas Verrücktes, das im Grunde gar nicht so verrückt war.

Mandrake aus Frosinone*

FELLINI: Wissen Sie, wer hier am Anfang der Appia Antica wohnt? Mein Freund Marcello Mastroianni. Wir haben ein paarmal miteinander gearbeitet und dabei viel Spaß gehabt. Schauen wir auf einen Sprung bei ihm rein, er ist ja ein echter Römer. Eigentlich ist er aus Frosinone, aber er hat alle Vor- und Nachteile eines echten Römers.

MASTROIANNI: Treten Sie nicht auf den Rasen. Wo ist der Pelz? Cesarino, ich möcht nen Pelz, ja, irgendeinen.

CESARINO: Den da?

JOURNALIST: Herr Mastroianni, welche Bücher würden Sie im Falle einer Atomkatastrophe retten?

MASTROIANNI: Was für eine Frage! Ich glaube, nicht Bücher sollte man retten, sondern vielmehr Gebrauchsanweisungen, wie man ein Haus baut, ein Telefon montiert.

FELLINI: Gib doch zu, daß du *Quattroruote* und *Linus* retten würdest.

MASTROIANNI: An erster Stelle.

EINE STIMME: *Perfect, great.*

FOTOGRAF: Marcello, Marcello, schau doch einmal anders drein.

MASTROIANNI: Wie?

FOTOGRAF: Männlicher.

MASTROIANNI: Männlicher?

FOTOGRAF: Ja, und gleichzeitg scheu.

MASTROIANNI: Männlich.

* Aus *Block – notes di un regista* von Federico Fellini

FOTOGRAF: Ja.
MASTROIANNI: Und scheu.
FOTOGRAF: Nein, das ist zuviel.
EINE STIMME: Laßt ihm wenigstens Zeit zum Essen. Er muß was essen. Nein, mit dem da habt ihr ihn schon, aber wie wärs mit nem Nerz?
JOURNALIST: Herr Mastroianni, unsere Leser ...
MASTROIANNI: Morgen abend.
JOURNALIST: ... wollen wissen, worin das Geheimnis Ihrer Eleganz besteht.
MASTROIANNI: Welcher Eleganz denn?
EINE STIMME: Er muß nen andern Pelz anziehn.
MASTROIANNI: Ich glaube nicht, daß ich besonders elegant bin.
JOURNALIST: Das Geheimnis Ihrer Eleganz läßt sich mit einem Wort zusammenfassen: Schlichtheit.
EINE STIMME: Herr Marcé, die Tropfen.
MASTROIANNI: Ach ja, danke. *Simplicity, simplicity.* Stimmt das, Federí?
JOURNALIST: Worin besteht für Sie der Unterschied zwischen der südländischen und der nordländischen Frau?
MASTROIANNI: Auf diese Frage möchte ich nicht antworten. Nein, ich antworte nicht.
EINE ANDERE STIMME: Herr Marcello, darf ich einen Sprung in den Pool machen?
MASTROIANNI: Sicher *(man hört es spritzen)*. Super.
JOURNALIST: Welche Diät halten Sie ein?
MASTROIANNI: Gar keine. Ich esse, was mir schmeckt.
EINE STIMME: Herr Marcé, der Produzent aus England hat angerufen, Davidon ... Davigon ...
MASTROIANNI: Davidson, du Trottel.
EINE STIMME: Er möchte, daß Sie den Abt Faria spielen.

Während der Probeaufnahmen zu Mandrake. *Regie: Federico Fellini.*

MASTROIANNI: Ich spiel ihn aber nicht, ich spiel ihn ganz bestimmt nicht. Ich spiel doch jetzt nicht den Abt Faria, das wär ja noch schöner!

EINE STIMME: Recht hat er.

MASTROIANNI: Federí, warum machen wir nicht Mandrake?

EINE STIMME: Mandrake ist stark.

MASTROIANNI: Stell dir vor, was wir dabei für Spaß hätten. Du schreibst ihn mir auf den Leib: Mandrake aus Frosinone.

EINE STIMME: Lassen Sie ihn doch spielen, Chef!

MASTROIANNI: Champagner?

EINE STIMME: Da ist er. Wie schön du bist!

FELLINI: Jetzt nimm ihn auf. Wieso lachst du eigentlich immer?

KAMERAMANN: Du bringst mich zum Lachen.

FELLINI: Nimm ihn von vorn auf, jetzt ist er der *Latin lover*, los.

FREMDENFÜHRER: *This is the Italian movie star Marcello Mastroianni villa.*

MASTROIANNI: Da, hörst du sie, wieder ein Autobus voller verrückter Weiber.

EINE STIMME: Es sind die Amerikanerinnen. Zuerst fahren sie zum Kolosseum, dann zu den Katakomben, dann kommen sie hierher: »Mastroianni, Mastroianni«, und er muß ans Fenster.

FREMDENFÜHRER *(im Hintergrund): … La dolce vita …* Marcello Mastroianni …

Ein ganz kleiner Alptraum

Vor ein paar Jahren hatte ich einen merkwürdigen Traum. Ich kam nach Cinecittà, wo ich schon seit einiger Zeit nicht gewesen war. Ich trat über die Schwelle, sah jedoch niemanden. Es gab keine Menschen, keine Autos; der große Platz gleich hinter dem Eingang war leer, wie ausgestorben. Trotzdem ging ich weiter, ich nahm den Weg, der zu der Bar führt, in der früher einmal Frau Di Mauro gearbeitet hatte.

Irgendwann begegnete ich vier oder fünf – winzigen – Arbeitern; sie trugen Aufbauten für irgendeinen mythologischen Film über Herkules, wie mir schien. Aber keiner sagte zu mir: »Guten Tag, Chef. Guten Tag, Herr Marcé.« Sehr merkwürdig. Ich ging weiter und gelangte zur Bar. Ich begegnete noch einem Arbeiter, der ebenfalls winzig war. Auch er sagte nicht zu mir: »Guten Tag, Chef.« Ich fragte ihn: »Ist die Bar denn geöffnet?« »Aber ja, sicher, da ist sie ja.«

Ich wollte die Bar betreten, aber die Decke war so niedrig, daß ich auf allen vieren hätte hineinkriechen müssen. Da wachte ich auf.

Es war ein Alptraum gewesen. »Das ist sehr bedeutsam«, sagte ich zu mir. »In Cinecittà gibt es keinen Platz mehr für mich, oder das Kino ist etwas für winzige Menschen geworden, für winzige Filme.«

Schon gut, ich will mich nicht beklagen. Das Kino ... Aber ja, es wird überleben! Ich mache noch immer Filme: Schon das kommt mir vor wie ein Wunder.

Steptanz

Ich hatte immer eine Vorliebe für Musikfilme, für den Tanz, und zwar, weil ich immer der Meinung war, für einen Schauspieler gäbe es nichts Großartigeres, als sich tanzend auszudrücken, den Körper einzusetzen anstelle von Worten, den ganzen Körper, der von der Musik getragen wird. Ich glaube, für einen Schauspieler muß das ein berauschendes Gefühl sein.

Und erst die Musicals: Einmal getraute ich mich sogar in einem zu spielen, und ich versuchte steppen zu lernen, eine Fähigkeit, die ich später bei Fellinis *Ginger und Fred* und bei Ferreris *Affentraum* gebrauchen konnte …

Nachdem ich mit Fellini *8 /2* gedreht hatte, ließ ich mich wieder einmal auf ein äußerst riskantes Theaterabenteuer ein. Ich wollte am eigenen Leib erfahren, was es heißt, am Broadway in einem Musical aufzutreten. Und so machte ich mit Garinei & Giovannini *Ciao Rudy.*

Ich verbrachte sechs Monate, die zu den aufregendsten in meinem ganzen Leben gehören, inmitten von Tänzern und Tänzerinnen und einer Schar hochkarätiger Schauspielerinnen – von Paola Borboni bis Olga Villi –, lauter waschechten Theaterschauspielerinnen. Und wir hatten ein ganz außergewöhnliches Publikum. Sogar Barbra Streisand, die berühmte Sängerin, kam, um sich die Vorstellung anzusehen; und auch amerikanische Agenten, die uns tatsächlich an den Broadway bringen wollten. Aber mich hat Amerika nie so besonders fasziniert: Ich lebe hier in Italien – sagte ich mir –, ich arbeite mit großen Regisseuren, was soll ich am Broadway?

Die Musik also und ich, der ich so tat, als ob ich steppen

Ginger und Fred, *BRD / Italien / Frankreich 1985. Regie: Federico Fellini. Mit Giulietta Masina.*

könnte: ich meine, nur ein Verrückter kann so tun, als ob … noch dazu allein, ich tanzte eine kleine Solonummer. Was das Singen anbelangt, auch wenn ich kein ausgebildeter Sänger bin … Ich erinnere mich, daß Gloria Swanson zu mir sagte: »Warum kommst du nicht nach Amerika?« »Was soll ich in Amerika? Ich habe die amerikanischen Musicals gesehen: die Schauspieler sind Götter, sie singen, springen, tanzen, sie sind unglaublich.« »Aber was hat das damit zu tun, Marcello, du bist Schauspieler, du mußt nicht singen, du brauchst nur zu sprechen. Hast du nicht Rex Harrison in *My Fair Lady* gesehen? Er singt gar nicht, er spricht die Lieder.« Ich ließ mich aber trotzdem nicht überreden.
Vor allem aber ließ ich mich deshalb nicht überreden, weil

sich eines schönen Tages Fellini bei mir meldete, um den legendären Film *Viaggio di Mastorna* zu drehen. Und so trat ich nach der Spielzeit in Rom nicht mehr in *Ciao Rudy* auf, obwohl ich eigentlich mit dem Stück nach Mailand hätte gehen sollen, das heißt, ich brach den Vertrag. Was mich eine unglaublich hohe Konventionalstrafe kostete … Ich glaube, kein Schauspieler auf der ganzen Welt hat jemals so viel bezahlt, um nicht Theater spielen zu müssen.
Fellini wurde jedoch krank, und *Viaggio di Mastorna* kam nie zustande, es blieb ein Projekt. Eines Tages sagte ich zu Federico: »Vielleicht sehen wir uns im Himmel wieder. Du wirst schon sehen, wir werden uns langweilen und *Viaggio di Mastorna* im Jenseits drehen.«

Ciao Rudy, *1966.*

Probeaufnahme zu *Mastorna**

KAMERAMANN: Probeaufnahme Mastroianni, Mastroianni die erste.

FELLINI: Senk den Kopf ein wenig mehr, den Kopf, noch mehr. Werdet ihr wohl still sein da hinten? Senk den Kopf. Stop. Gebt ihm ein wenig Augenwasser in die Augen. Warum hast du immer so rote Augen, Marcellí, was treibst du? Und noch etwas, Marcello. Kleb ihm den Schnurrbart an, schau, er geht immer wieder ab. Marcello, ich wollte dir sagen, deine Stimme darf nicht so klingen, nicht so beliebig.

MASTROIANNI: Ja, verstanden.

FELLINI: Was ist, Marcellí, warum machst du so ein nervöses Gesicht?

EINE STIMME: Willst einen Kaffee, Marcé?

FELLINI: Hör zu, ich will nicht, daß er jetzt Kaffee trinkt, muß er ausgerechnet jetzt Kaffee trinken?

MASTROIANNI: Ich bin nicht nervös, ich versteh dich bloß nicht. Einmal so, einmal so.

FELLINI: Du solltest damit …

MASTROIANNI: Entschuldige, aber bist du wohl bald fertig damit?

FELLINI: … ein wachsendes Entsetzen zum Ausdruck bringen, als ob er bemerkte, daß plötzlich … dieses Licht da oben soll dich ausleuchten, Marcello, schau. Siehst du das Licht da oben? Seid einen Augenblick ruhig, ihr da hinten … Nein, der Hut gefällt mir nicht, weg mit dem Hut, vielleicht probieren wir ihn nachher noch einmal,

* Aus *Block – notes di un regista* von Federico Fellini

Probeszene aus Il Viaggio di G. Mastorna, *ein Projekt Fellinis, das niemals realisiert wurde. Mit Federico Fellini.*

leg ihn weg … Hör zu, Marcello, und schau hin und wieder in die Kamera, ich wollte dir gerade sagen … wichtig ist, daß du versuchst, ein Gefühl zunehmender Verwirrung zum Ausdruck zu bringen, denn dieses Instrument stellt die prä-kongeniale Realisierung dar, das heißt die Realisierung seiner Berufung.

FELLINI: Das waren sehr angespannte Probeaufnahmen, Marcello spürte mein Unbehagen, meine Unsicherheit hat auch ihn verunsichert. Wir haben es mit Schnurrbart und ohne Schnurrbart probiert, mit Perücke und ohne, mit Kontaktlinsen, aber Mastorna kam nicht zum Vorschein, er verbarg sich, blieb ungreifbar.

MASTROIANNI: Ist gut, ich schminke mich jetzt ab. Gehen wir essen?

FELLINI: Ja.

MASTROIANNI: Jetzt hör mir einmal zu, Federí. Als wir *La dolce vita* gemacht haben, hat die Figur doch auch gestimmt, oder nicht? Und die aus *8 ½* doch auch, oder nicht?

FELLINI: Doch, doch.

MASTROIANNI: Was an diesem Mastorna ist denn so kompliziert, hat er vielleicht zwei Köpfe? Nein, Federico, das Schlimme ist, ich spüre, daß du mir nicht vertraust, das ist es. Als ob du Angst hättest, aber wenn du dich überzeugen ließest, daß ich Mastorna bin, hättest du keine Zweifel mehr. Ich werde Mastorna!

Die lange Reise mit Fellini
(I)

Ein totales gegenseitiges Mißtrauen

Fellini wurde gebeten, ein Vorwort zu einem Buch über meine filmische Laufbahn, einer Art Biographie, zu schreiben. Es lautete: »Marcello und ich sehen uns kaum. Außer natürlich, wenn wir miteinander drehen. Vielleicht ist auch das einer der Gründe für unsere Freundschaft: eine Freundschaft, die keine Ansprüche stellt, keine Verpflichtungen kennt, keine Bedingungen stellt, keine Regeln, keine Grenzen festlegt. Eine wahre, schöne Freundschaft, die auf einem totalen gegenseitigen Mißtrauen beruht.« Er hatte recht. Genau so war es.

Wir sahen uns nur, wenn wir das Bedürfnis verspürten, uns zu treffen. Fellini rief an: »Hast du ein Auto?« Immer dieselbe sinnlose Frage. »Natürlich.« »Holst du mich also ab? Fahren wir in die Vecchia Pineta auf ein Risotto *alla pescatora*.« Wir machten also einen Ausflug ans Meer. Wir sprachen über alles mögliche. Oder er erzählte mir von einer Idee für einen seiner nächsten Filme. Er wollte sehen, wie ich reagierte. Mein Urteil hatte zwar keine große Bedeutung, aber Fellini wollte immer wissen, was die Leute von seinen Ideen, von seinen Projekten hielten.

Erste Begegnung

Sie ereignete sich am Strand von Fregene, wo Federico eine Villa besaß und wohin er mich wegen *La dolce vita* hatte

kommen lassen. Wenige Schritte von uns entfernt, unter einem Sonnenschirm, saß Ennio Flaiano, damals sein engster Mitarbeiter beim Drehbuchschreiben.
Natürlich war ich sehr aufgeregt. Und Fellini begann mich sofort zu umgarnen, er flötete: »Ohooo, mein lieber Marcellino!« (Immer diese Koseformen, womit er meiner Meinung nach auch beabsichtigte, die Leute »ruhig« zu halten.) »Lieber Marcellino, ich freue mich ja so, dich zu sehen. Ich habe ein Filmprojekt, der Produzent ist Dino De Laurentiis. Aber De Laurentiis hätte gern, daß Paul Newman die Hauptrolle spielt. Nun ja, Paul Newman ist ein großartiger Schauspieler, ein Star: Aber er ist zu bedeutend. Ich hätte gern ein Allerweltsgesicht.« Ich war überhaupt nicht beleidigt. »Sehr gut, stehe zur Verfügung. Das Allerweltsgesicht bin ich.« »Ja, die Figur ist nämlich so eine Art Luftikus. Paul Newman hat dafür zuviel Persönlichkeit.« »Sehr gut«, sagte ich. Um doch ein wenig Haltung, eine Spur von Würde zu bewahren, sagte ich: »Ich würde sehr gerne einen Blick in das Drehbuch werfen.« Natürlich wollte ich auch zeigen, daß ich ein Profi war. »Aber sicher!« sagte Fellini lächelnd und rief Flaiano: »Ennio, macht es dir etwas aus, Marcellino das Drehbuch zu bringen?«
Ennio Flaiano brachte mir mit seiner üblichen ironisch-noncholanten Art eine Mappe. Ich schlug sie auf. Darin war nichts, nur eine der Karikaturen, wie Fellini sie ständig zeichnete. Darauf war ein Mann zu sehen, der mitten im Meer schwamm und dessen Glied bis zum Grund reichte; und rund um dieses Glied tanzten Sirenen, wie in einem Film mit Esther Williams.
Ich wurde natürlich rot, was weiß ich, gelb, grün, ich nahm alle Farben an. Ich fühlte mich wirklich auf den Arm genommen. Ich begriff, daß ich zuviel verlangt hatte, als ich

Federico Fellini: »Die männliche Sirene« oder das »Drehbuch« zu La dolce vita.

das Drehbuch sehen wollte. Was hätte ich sagen sollen? »Nun, das sieht ja sehr interessant aus. Wo soll ich unterschreiben?«
Das war meine erste Begegnung mit Fellini.

Sechs Monate La dolce vita

Das war vielleicht die schönste Zeit in meinem Leben, nicht nur in meinem Leben als Schauspieler.
Wir lebten wie auf einem Floß, das vom Wind einmal hierhin und einmal dorthin getrieben wurde, in einer Atmosphäre wie bei einem ständigen Fest: Bei Fellini gab es nämlich keine dramatischen Augenblicke – außer wir hatten Geldprobleme oder irgend etwas kam nicht rechtzeitig am Set an. Für ihn war das Filmen wirklich ein Spiel, ein Fest, ein unaufhörliches Fest.
Ich kann nur wiederholen, wie glücklich wir in diesen Tagen waren, bei den Dreharbeiten zu diesem Film, die fast sechs Monate dauerten, jedoch sechs Jahre hätten dauern können. Immer wieder eine neue Episode, neue Begegnungen. Viel zu schön war diese Zeit, viel zu schön!

Ein Hubschrauber in der Morgendämmerung

Bei den Dreharbeiten zu *La dolce vita* gab es keine festen Arbeitszeiten. Wir machten weiter, bis Fellini müde wurde. Einmal, erinnere ich mich, drehten wir die ganze Nacht auf der Via Veneto. Als es Morgen wurde, hörten wir auf. Es war Ostersonntag. »Marcello, was machen wir jetzt?

Komm, bleiben wir beisammen. Gehen wir ins Café de Paris frühstücken.«
Wir gehen also hin, wie zwei ewige Pennäler. Brioche, Cappuccino, und so weiter. »Federico, gehen wir schlafen?« »Schlafen?!« »Aber wir sind seit vierundzwanzig Stunden hier!« sage ich. »Willst du nicht schlafen gehen?« Damals wohnte ich sogar bei ihm, weil Giulietta in Polen einen Film drehte. »Marcello, weißt du, was wir tun? Wir fahren raus zur Via Salaria, zum Flughafen! Wir lassen den Piloten kommen, den mit dem Hubschrauber, der dich am Anfang des Films mit der Christusstatue transportiert ... Wir fliegen über die Terrassen, auf denen die vielen Mädchen sitzen!« »Aber heute ist Ostersonntag; es wird gerade erst hell.« »Los, komm schon!«
Er schreckte vor nichts zurück. Ich kenne keinen anderen Menschen, der so unverschämt war.

Das Mädchen auf der Terrasse

Wir kommen also am Flughafen an. Er klopft, klingelt: Schließlich taucht ein schlaftrunkener Portier auf: »Was wollen Sie? Wen suchen Sie?« »Wir wollen den Piloten sprechen.« »Der ist nicht da, keiner ist da!« Da rief Fellini den Piloten zu Hause an (ich erinnere mich nicht an seinen Namen) und weckte ihn auf. Und der kam tatsächlich, aus Bewunderung für den großen Regisseur, und holte den Hubschrauber heraus. »Marcello, jetzt rufst du dieses hübsche Mädchen an: Sag ihr, sie soll auf die Terrasse hinausgehen, weil du ihr etwas sagen mußt.« Und der Hubschrauber hob ab.
Wir flogen über ganz Parioli, bis wir das Mädchen auf der

Terrasse fanden. Wir machten ihr Zeichen, aber das Mädchen war bloß verängstigt, zweifellos hatte sie den Eindruck, der Hubschrauber würde gleich auf sie runterfallen. Nichts zu machen. Der »Dialog« mit dem Mädchen fand nicht statt. Da bat Fellini den Piloten, mit uns eine Runde über Rom zu drehen. »Ach was, machen wir doch gleich einen Abstecher nach Ostia.«
Damit will ich nur sagen, wie unermüdlich er war, mit welch unerschöpflicher Neugier er die Menschen beobachtete. Er machte Dinge, die aus pubertären Phantasien hätten stammen können – wie in den *Vitelloni,* als im Winter auf der Mole eine Figur die andere fragt: »Wieviel müßte man dir bezahlen, damit du ins Meer springst?« Im übrigen haben alle Jungen so dahergeredet. Aber Fellini hat das alles auch als Erwachsener beibehalten: Das war das Wunderbare an ihm, seine Bereitschaft, immer etwas zu tun – nicht unbedingt immer etwas Außergewöhnliches, aber jedenfalls etwas Unterhaltsames, Unerwartetes.

Fellini-Darsteller gesucht

Die Darsteller, die er aussuchte, waren allesamt einzigartig, alle. Alle waren auf ihre Weise komisch: von der Hure bis zum Homosexuellen, vom Priester bis zum Hungerleider. Wichtig war, daß sie keine Schauspielerattitüde an den Tag legten, das haßte Fellini. Er mochte keine Schauspieler mit professionellem Gehabe.
Er liebte Gesichter, denn seine Filme lebten vor allem von Bildern. Um »Gesichter« für die Nebenrollen zu finden, fuhr Fellini immer nach Neapel. Ein paarmal habe ich ihn begleitet, zum Beispiel für *Orchesterprobe.*

Er gab ein Inserat in den neapolitanischen Zeitungen auf: »Fellini sucht Schauspieler. Interessenten werden morgen vormittag ab zehn Uhr ins Hotel Soundso, Zimmer Nr. Soundso gebeten.«
Tock-tock-tock. »Herein.« Der erste Neapolitaner trat ein. Fellini, der für diesen Film Musiker suchte, fragte ihn: »Was für ein Instrument spielst du?« »Ich keines, aber mein Bruder ist ein Genie!«
Ich frage Sie: Welcher andere Regisseur hätte die aberwitzige Bemerkung dieses Herrn ernst genommen? Fellini engagierte ihn auf der Stelle.
Neapel ist voll von solchen außergewöhnlichen Gestalten – einer der Gründe, warum ich diese Stadt liebe.

Intermezzo: Auf einem Planeten, der ganz wie Neapel aussieht

Keine andere Stadt in Italien, wenn nicht gar in ganz Europa, weist so wenige amerikanische Einflüsse auf wie Neapel. Dabei war sie lange von amerikanischen Truppen besetzt. Aber sobald die Soldaten abzogen, wurde alles Amerikanische abgeschafft (mit Ausnahme einiger schwarzer Kinder, die zurückblieben).

Darin besteht die Kraft der Neapolitaner: in ihrem Charakter, in ihrer Tradition, in der tiefen Verbundenheit mit ihrer Stadt. An den Gebäuden kann man sehen, daß Neapel einmal war, was es auch heute wieder sein sollte: eine wahre Hauptstadt des Mittelmeerraums. Sicher, viele dieser Gebäude sind baufällig.

Ich habe fünf oder sechs Filme in Neapel gedreht. Eine Stadt, die einen immer wieder überrascht.

Jack Lemmon, mit dem ich hier *Macaroni* drehte, unter der Regie von Scola, war sprachlos. Er hatte einen Koffer voller Medikamente mitgenommen, wer weiß, was man ihm in Hollywood erzählt hatte! Statt dessen mußte er feststellen, daß es sich um eine liebenswürdige und humorvolle Stadt handelt, in der Fremde gern gesehen sind; eine Stadt, deren Bewohner keine Speichellecker sind, Leute, die ihr Hirn anstrengen müssen, um über die Runden zu kommen.

Ich erinnere mich an einen gewissen Giovanni, er war Hoteldiener im Excelsior oder, besser gesagt, ein Mann fürs Grobe, einer von denen, die nach Mitternacht die Teppiche saugen. Eines Nachts, als ich mit Jack Lemmon und

Scola unterwegs war, trafen wir diesen Giovanni, wie er gerade den Teppichboden im Aufzug säuberte; ohne auch nur einen Augenblick zu zögern, sagte er: »Damit Sie sich die Schuhe nicht schmutzig machen!« Natürlich sagte er das auch, um Trinkgeld zu bekommen, aber was für eine Formulierung! Er begleitete mich jeden Abend aufs Zimmer. »Ich komme seit Jahren ins Excelsior«, sagte ich immer wieder zu ihm. »Wohin willst du mich begleiten? Ich kenne den Weg, vierter Stock, Zimmer vierhundertzwei.« »Ich begleite Sie trotzdem.« Es hat keinen Sinn, sich mit einem Neapolitaner zu streiten, besser, man gibt gleich nach und zollt ihm Anerkennung für seine Bemühungen. Wir gelangen zu Tür Nr. 402, ich stecke den Schlüssel ins Schloß. Und er: »Chef, das Leben ist ein kurzer Blick vom Balkon runter!« »Ich weiß, das hast du mir bereits gestern abend und vorgestern abend gesagt. Du hast recht, das Leben dauert den Bruchteil einer Sekunde, es ist ›ein Blick vom Balkon runter‹, dann werden die Rolläden heruntergelassen.«

Einmal ging ich zu Fuß über die Via del Corso in Rom. Ich hörte, wie hinter mir jemand sagte: »Donnerwetter, hat der Falten! Hast du gesehen, wie alt der geworden ist?« Laut, damit ich es hörte. Das gleiche ist mir in Neapel passiert: »Marcellí, wir sind ein bißchen alt geworden, was? Wie wär's mit nem Kaffee?« Sehen Sie den Unterschied? Was für ein Charme, was für eine Herzensgüte.

Ich weiß nicht, warum so viele Menschen aus dem Norden eine Abneigung gegen Neapel haben. Man muß es als das nehmen, was es ist: eine einzigartige, ganz besondere, sehr intelligente Stadt. Nur schade, daß ihre Intelligenz nicht entsprechend eingesetzt wird. Neapel ist viel zu besonders, um von jedem verstanden zu werden.

Als ich diesen Winter dort Theater spielte, habe ich gesagt: »Ich würde gern auf einem Planeten leben, der ganz wie Neapel aussieht, denn ich weiß, dort würde ich mich wohl fühlen.«

Die lange Reise mit Fellini (II)

Lügen, um zu beschwichtigen

Seine Art, Filme zu machen, war anders als die der anderen, war wirklich *filmreif.* In dem Sinne, in dem man sagt: »Was für ein Durcheinander! Was für ein Chaos! Das ist ja filmreif!« Und Fellini sagte: »Ich kann nur denken, wenn die anderen Radau machen. Wenn alle dastehen und darauf warten, daß ich das Evangelium verkündige – das macht mir das Leben schwer.« Er dachte immer in Paradoxen.

Man hat Fellini vorgeworfen, ein Lügner zu sein: was er auch zweifellos war. (»Lügen« ist auch ein Ausdruck von Phantasie, wie ich schon oft gesagt habe.) Es waren aber nie schwerwiegende Lügen; er log, um die Leute zu beschwichtigen, damit es allen besserging, damit sie zufriedener waren.

Einer seiner Zaubertricks

Wenn Fellini Regie führte, gelang es ihm, die große Menge aller Beteiligten unter einen Hut zu bringen, die wichtigsten und die unwichtigsten, und zwischen uns Schauspielern und auch den Komparsen eine Beziehung herzustellen, als wären wir Freunde, die gemeinsam ein großes Fest feierten. Er besaß zum Beispiel die Fähigkeit, sich alle Namen zu merken, selbst den der letzten Komparsin ganz hinten: »Maria? Geh ein wenig nach rechts!« Klar, daß eine Komparsin, die beim Namen genannt wird, für ihren Regisseur durchs Feuer geht. Und das war einer seiner Zaubertricks. Aber das ist ein nebensächliches Detail. Um Fellini ausführlicher, vollständiger zu beschreiben, müßte man ein Buch verfassen, und es sind auch schon einige veröffentlicht worden.

Die Finger verlängern

Seine Liebe zu den Schauspielern, zu seinen Schauspielern, drückte sich auch in bestimmten Details aus, die mir bei anderen Regisseuren nicht aufgefallen sind, vielleicht auch deshalb nicht, weil seine Geschichten anders waren.
Wie aufmerksam er war! Jeden Morgen sagte er zum Maskenbildner oder zur Maskenbildnerin: »Schau, hier hast du etwas mehr Schwarz aufgetragen als gestern.« Keine Ahnung, wie er das machte. Er wollte seine Schauspieler unbedingt in ein möglichst gutes Licht rücken.
Zu Giuseppe Rotunno, seinem Lieblingskameramann, sagte er: »Sorg dafür, daß er gut aussieht. Er muß unbedingt gut aussehen.« Und dann mußte Peppino etwas vor den Scheinwerfer tun, damit die Kiefer etwas schmäler wirkten, denn: »Du hast ein Gesicht wie ein Bauer, wie einer vom Land«, sagte Fellini zu mir. Oder der Versuch, meine Finger zu verlängern: »Aber wie sollen wir die Finger verlängern?« »Ach, einfach mit Plastikkuppen.«
Als es ihm bei den Dreharbeiten zu *8 /2* nicht gelang, mich intellektueller aussehen zu lassen (er sagte, ich hätte Hände wie ein Bauer), und er auch nicht meine Finger verlängern konnte, kam er auf die Idee, mir die Brusthaare entfernen zu lassen. »Eine behaarte Brust wirkt zu männlich. Ich will, daß mein Intellektueller zumindest äußerlich zerbrechlicher, zarter wirkt.« Also wurden mir die Haare mit Wachs

entfernt, ausgerissen! In einer bestimmten Szene, auf dem berühmten Gut, war ich nämlich mit beinahe nacktem Oberkörper zu sehen.

»Sorg dafür, daß er gut aussieht, sorg dafür, daß sie gut aussieht«

Er hatte recht, wenn er sagte: »Sorg dafür, daß er gut aussieht, sorg dafür, daß sie gut aussieht.« Der Schauspieler ist schließlich der Bindestrich zwischen Autor und Publikum. Wenn das Publikum von einem Gesicht, einem Körper nicht fasziniert ist, ist es weniger interessiert an der Geschichte. Noch einmal: Ich spreche von einer anderen Art des Kinos, bei dem dies vielleicht notwendig war, wie auch beim Hollywoodkino aus meiner Jugendzeit. Wenn ich im Fernsehen hin und wieder einen alten Film sehe, stelle ich fest, daß Joan Crawford zum Beispiel hier im Gesicht immer Schatten hatte; ausgeleuchtet waren nur ihre schönen Augen.
Und Rotunno mußte sich selbst überbieten, damit ich besser aussah; und hin und wieder … ich möchte nicht sagen, daß ich gut aussah, aber ganz bestimmt hat man mich ins rechte Licht gerückt, das ist sicher.

»Was soll ich tun? Was soll ich sagen?«

Nach jenem ersten Mal damals in Fregene habe ich Fellini nie wieder darum gebeten, das Drehbuch sehen zu dürfen. Und ich habe fünf Filme mit ihm gedreht. Das ist ja nicht gerade wenig. Und vielleicht gehören sie sogar zu seinen

bedeutendsten. Es ist wunderschön, im Grunde ist das die Art des Kinos, von der ich noch immer träume: Wozu brauche ich da eigentlich ein Drehbuch? Wenn man mir die Figur gut beschreibt, muß ich dann unbedingt wissen, was am nächsten Vormittag passiert? Ist es nicht so schöner, wie er es machte?
Wenn ich am Morgen hinkam, fand ich Filmbauten vor, Figuren, Situationen. Ich sagte einfach: »Also, Federico, was soll ich tun, was soll ich sagen?« »Tja, du triffst die da, sagst zu ihr, na ja, ›Ich habe auf Sie gewartet ...‹ Beim Synchronisieren sehen wir dann weiter.«
Ich war also Schauspieler, aber vor allem ein Beobachter dessen, was rund um mich geschah. Ich glaube, besser kann man es in diesem Beruf gar nicht machen. Natürlich ist das nicht bei allen Regisseuren möglich, aber bei ihm ging es.

»Ans-Fruns-Ahs-Wans-Fhuns-Sonn-Sohn!«

Seine tiefe Verbundenheit mit dem Meer: Warum sonst hätte er sich immer nach Ostia, nach Fregene geflüchtet? Schließlich kam er aus Rimini, einer Stadt am Meer. Auch als es mit ihm zu Ende ging, nachdem er in der Schweiz operiert worden war, wollte er sich im Grand Hotel von Rimini erholen, das er in seinen Filmen so oft und so schön dargestellt hatte.
Ich ersparte mir, hinzufahren. Zu viel Zirkus um ihn herum. Alle waren da, um zu zeigen, wie gut sie mit Fellini befreundet waren. Viel Theater, *filmreif* eben. Ich besuchte ihn, als er in Ferrara in einer Reha-Klinik war. Dort war niemand.
»Ach, Marcellino«, sagte er, als er mich hereinkommen

sah. Ich war sehr bestürzt. Für mich war Fellini immer ein schöner Mann gewesen. Ja, für mich war er ein schöner Mann mit großen ausdrucksvollen Augen. Als ich ihn jedoch in diesem Krankenhausbett liegen sah, tat er mir sehr leid.

»Marcellino, siehst du das Kruzifix an der Wand? Hin und wieder fliegt der Gekreuzigte davon, dreht eine Runde über meinem Kopf und kehrt an seinen Platz zurück. Und auch die Ärzte sind ganz winzig, wenn sie hereinkommen. Ich glaube, das liegt an den Medikamenten, die man mir vor der Operation gegeben hat, um mich zu betäuben. Weißt du, man bekommt davon Halluzinationen, und es dauert sehr lange, bis die Giftstoffe wieder vollständig vom Körper ausgeschieden werden. Deshalb sehe ich noch immer seltsame Bilder.«

»Du hast zuviel Phantasie!« antwortete ich ihm. »Vielleicht erfindest du diese Visionen nur, wie es so deine Art ist.«

»Weißt du, was mir passiert ist? Ich war im Grand Hotel in Rimini; ich verlor das Gleichgewicht und rutschte aus dem Bett. Ich suchte das Telefon und wollte um Hilfe rufen; da sah ich, daß auf dem Nachttisch statt dessen ein Bund Spargel lag.«

»Ein Bund Spargel?«

»Ja, zumindest kam es mir so vor. In Wirklichkeit war es meine Hand, es waren meine Finger. Danach ging die Tür auf, und ich sah, wie zwei kleine Füße hereinkamen (ich lag immer noch am Boden), die in schwarzen, glänzenden Schnürschuhen steckten. Und als ich emporblickte, sah ich wie auf einer Weitwinkelaufnahme eine kleine Hose mit zwei Knöpfen, wie die von Mickymaus. Als ich den Blick noch mehr nach oben richtete, stellte ich fest, daß es ein Kind war. Da sagte ich zu ihm: ›Lauf, hol Hilfe.‹ Und das

Kind antwortete mir: ›Ans-Fruns-Ahs-Wans-Fhuns-Sonn-Sohn!‹ Es war also ein Deutscher.«
Ich dachte, was Fellini doch für Einfälle hatte und wie er alles auf seine unvergleichliche ironische Art und Weise darstellte.
»Das Kind ging hinaus. Nach einer Weile hörte ich einen Tritt gegen die Tür, und zwei Krankenpfleger kamen mit einer Tragbahre herein. ›Paß auf, daß du nicht die Mauer zerkratzt!‹ sagt der eine, und der andere: ›Pack ihn an den Füßen, aber paß auf die Eier auf!‹ Dann wurde ich aufgeladen und fortgetragen.«
»Federico, ich glaube, das ist ein außerordentlicher Filmbeginn«, sagte ich zu ihm. »Du fängst damit an, und dann … Ja, er könnte am Strand von Rimini enden, wo aus allen Lautsprechern die Musik aus deinen Filmen dringt, die Musik von Nino Rota. Du wirst sehen, am Himmel von Rimini wird alles ein Happy-End finden, am Strand, mit diesen wunderschönen Melodien.«

Die Weisheit Don Quijotes

Immer wieder hört man von der Weisheit des Alters!
Aber sehen Sie sich doch einmal einen Alten an, wie er über die Straße geht: Zuerst schaut er nach rechts, dann nach links … Aber das ist keine Weisheit, sondern Vorsicht, Angst. Mit Zwanzig nämlich wäre er schon längst mit einem Sprung auf der anderen Seite.
Was mich betrifft, so besteht die merkwürdige Weisheit des Alters, vielleicht paradoxerweise, darin, das Leben stets zu bejahen. Selbst in seinen schwierigsten Momenten und angesichts der größten Probleme.
Sicher, irgendwann müssen wir gehen, das wissen alle; aber was nützt es uns, wenn wir das wissen?
Ich glaube, wir sind alle ein wenig wie Don Quijote: Bestimmte Illusionen sind stärker als die Wirklichkeit.
Ist es im Kino nicht genauso?

Auf & Ab

Ich habe etliche schlechte Filme gemacht. Bei ungefähr hundertsiebzig Filmen habe ich in etwa zwanzig wirklich schlechten mitgemacht, vor allem am Anfang meiner Karriere (aber auch später).

Das liegt daran, daß man als Schauspieler präsent sein muß; den Idealfall, daß man sich die Filme aussuchen kann, gibt es nicht. Hin und wieder nimmt man ein Angebot an, obwohl man bereits am Drehbuch erkannt hat, daß es kein guter Film werden wird, man hofft aber auf das Glück: »Wer weiß, vielleicht passiert irgend etwas, und es wird ein guter Film?«

Und auch daran, daß man Geld braucht. Man ist mit den Steuerzahlungen im Rückstand. Oder man fühlt sich bereits als kleiner Star und möchte unbedingt ein bestimmtes Auto in Sonderausführung, das Statussymbol des arrivierten Schauspielers (das ist heute nicht mehr ganz so wie früher). Und dann, wenn man noch mehr Erfolg hat, braucht man auch eine Villa, dann einen Swimmingpool, vielleicht sogar eine Jacht. Ja, ich habe mir das alles geleistet, einfach so, weil man diese Dinge brauchte, um unter Beweis zu stellen, daß man erfolgreich war und einen gewissen Wohlstand erreicht hatte, geben wir es doch ruhig zu.

Warum also soll man es bereuen, daß man schlechte Filme gemacht hat? Man wurde ja von niemandem dazu gezwungen. Und außerdem hat man dabei auch Erfahrung gesammelt. Als Schauspieler muß man schließlich auch das Handwerk beherrschen: Man muß imstande sein, bis zu einem bestimmten Punkt zu gehen, ohne auf den Boden zu blicken, sich unbefangen inmitten des Teams zu bewegen, ohne Scheu vor der Kamera, diesem unerbittlichen Auge, das auch dein Inneres aufnimmt. Dazu sind schlechte oder verpatzte Filme durchaus gut. Und von irgend etwas müssen wir ja auch leben, seien wir doch ehrlich.

Ich habe etliche schlechte Filme gemacht. Ich erinnere mich an ganz bestimmte, am Anfang meiner Karriere … Rot werde ich zwar nicht, wenn ich heute daran zurückdenke; ganz im Gegenteil, ich finde sie ausgesprochen rührend; aber damals habe ich mich ein wenig geschämt. Ich erinnere mich an einen Film, *Tragico ritorno,* in dem ich in der Fremdenlegion (ausgerechnet!) landete, weil ich eines Mordes angeklagt wurde, den ich natürlich nicht begangen hatte. Aber auch später habe ich noch Fehler gemacht, und manchmal war mir das völlig bewußt.

Aber wie kann man immer nur gute Filme machen? Wenn ich ausschließlich gute Filme gemacht hätte, wäre ich mir selbst unheimlich. Das ist ein Privileg, das nur Heiligen zusteht: Heilige und Helden irren sich nie. (Im übrigen sind mir Heilige und Helden unsympathisch.) Es muß Schwankungen geben, ein Auf & Ab. Wenn man mit einem Film danebengreift und mit dem nächsten genau ins Schwarze trifft, gerät man in eine Art Freudentaumel. Wenn man hingegen immer gute Filme macht, bewegt man sich immer auf derselben Ebene, und das macht weniger Spaß. Es klingt paradox, was ich sage, ist aber wahr.

Ein Glückspilz

Schauen Sie, wir fahren über den Douro, was soviel wie »golden« heißt, das ist leicht zu verstehen. Und das ist die Mündung: Wir nähern uns dem Atlantik!
Angesichts der unendlichen Weite dieses Ozeans bekommt man beinahe Lust, Gedanken anzustellen, die tiefsinnig sein wollen.
Ich glaube an die Natur, an die Liebe, die Gefühle, die Freundschaft; an diese wunderbare Landschaft; an meine Arbeit, an meine Gefährten. Ich mag die Menschen. Ich liebe das Leben; und vielleicht hat das Leben deshalb meine Liebe erwidert.
Ich glaube wirklich, ein Glückspilz zu sein. Trotz aller Höhen und Tiefen, die zum Leben gehören – ein Glückspilz.

23. September 1996

Heute habe ich Geburtstag. Ich werde zweiundsiebzig. Na ja, ein schönes Alter. Mit Zwanzig hätte ich mir einen Mann mit Zweiundsiebzig als alten Trottel vorgestellt. Aber gar so alt fühle ich mich gar nicht. Vielleicht, weil ich das Glück habe, ohne Unterlaß zu arbeiten. Ich glaube, inzwischen sind es schon mehr als hundertsiebzig Filme: ein schöner Rekord. Ich hatte also ein erfülltes Leben. Ich kann zufrieden sein. Ich sage es noch einmal: Ich bin ein Glückspilz.

Und ich freue mich, daß ich an meinem Geburtstag diesen Film drehe, mitten in diesen Bergen – daß ich nicht zu erreichen bin. All die offiziellen Ehrungen, die Glückwünsche, die Hymnen in den Zeitungen ... Ich möchte weder als seltsamer Kauz noch als Snob erscheinen, aber ich muß gestehen, daß mir sogar manche Sympathiebekundungen, Freundschaftsbeweise, Begeisterungsstürme ein bißchen auf die Nerven gehen, mich ein bißchen langweilen. Hin und wieder bin ich wie ein Hund: Ich verkrieche mich lieber unter einem Möbelstück, da fühle ich mich geborgener.

Dabei habe ich wirklich keinen schlechten Charakter. Oder vielleicht doch, in gewisser Hinsicht. Aber im allgemeinen bin ich sehr geduldig und umgänglich. Aber nicht »gutmütig«, wie es oft heißt: »Ach, er ist ja so gutmütig!« Und dann kommt ein anderer und sagt: »Was heißt hier gutmütig, das ist ein Hurensohn!« Wie soll man sich da auskennen?

Das nächste Dorf

Es gibt eine wunderbare Erzählung von Kafka, *Das nächste Dorf:*
»Mein Großvater pflegte zu sagen: ›Das Leben ist erstaunlich kurz. Jetzt in der Erinnerung drängt es sich mir so zusammen, daß ich zum Beispiel kaum begreife, wie ein junger Mensch sich entschließen kann, ins nächste Dorf zu reiten, ohne zu fürchten, daß – von unglücklichen Zufällen ganz abgesehen – schon die Zeit des gewöhnlichen, glücklich ablaufenden Lebens für einen solchen Ritt bei weitem nicht hinreicht.‹«

Als ich jung war, glaubte ich, das Leben würde sehr lang, ewig dauern. Wenn ich hingegen jetzt zurückblicke, kommt es immer wieder vor, daß ich sage: »Wann haben wir denn diesen Film gemacht? Vor fünf Jahren?« »Ach was, vor fünf Jahren! Vor fünfzehn Jahren.« »Vor *fünfzehn* Jahren?«
Wenn man als junger Mensch aufs Pferd steigt, um loszureiten, glaubt man, die Reise würde kein Ende nehmen, ewig dauern! Wenn man hingegen ein bestimmtes Alter erreicht hat, stellt man fest, daß das »nächste Dorf« nicht sehr weit weg war; und daß es eigentlich ein kurzer, ganz kurzer Ritt war!
Das Leben: Ja, in einem bestimmten Alter stellt man fest, daß es einfach so vergangen ist, wie … ssst!
Und das Dorf ist ganz nah.

Nachwort

Flashback: Odessa, 1987

Wir stehen ganz oben auf der berühmtesten Treppe der ganzen Filmgeschichte, der aus *Panzerkreuzer Potemkin*. Marcello Mastroianni ist mit seinem Regisseur Nikita Michalkow hier, um bei einem Festival, an dessen Namen ich mich nicht mehr erinnere, *Schwarze Augen* vorzustellen. Das Festival findet genau auf dem großen Platz am oberen Ende der Treppe statt, die zum Hafen von Odessa hinunterführt. Wir sind ziemlich früh dran; auf der Treppe stehen mit Ausnahme von ein paar Jongleuren nur wenig Leute; die Farben leuchten, es ist sehr stimmungsvoll. Ich habe eine Kamera dabei; ich habe vor, den Anfang eines »Porträts« von Marcello Mastroianni zu drehen. Dann plötzlich passiert etwas, was alles zunichte macht.

Der Platz und die Treppe sind voll von Menschen, Zehntausenden von Menschen, innerhalb von wenigen Minuten hat sich eine beängstigende Menschenmenge angesammelt, die in alle Richtungen stößt und drängt. Mich packt in dem Gedränge die Panik; ich verliere die Kamera und laufe ins Hotel.

Schade. Es hätte mir sehr gefallen, das Porträt Marcello Mastroiannis in Odessa zu beginnen, und zwar auf dieser Treppe, die geradezu ein Inbegriff für seine beiden großen Leidenschaften gewesen wäre: seine unerschöpfliche Lust zu reisen, fremde Orte zu entdecken; und seine ungeheure Liebe zu seinem Beruf und zum Film, zum großen Kino.

Nach der verpaßten Gelegenheit, den Anfang in Odessa zu drehen, haben wir das Projekt, ein Porträt Marcellos zu drehen, immer wieder aufgeschoben. In den Jahren darauf haben wir zwar immer wieder einmal einen Versuch unternommen, aber aus diesem oder jenem Grund wurde nie etwas daraus. In der Zwischenzeit kamen aus allen möglichen Ländern Angebote für ein Mastroianni-Porträt, die Marcello jedoch nicht akzeptierte.

Bis wir im Juli letzten Jahres in Paris gemeinsam die Kassette eines wunderbaren Porträts von Orson Welles sahen. Ein paar Tage darauf sagte Marcello zu mir, jetzt habe er Lust, dieses Projekt zu verwirklichen, das wir seit gut zehn Jahren ständig aufschoben. Und da er gerade auf dem Weg nach Portugal war, wo er unter der Regie von Manoel de Oliveira *Voyage au début du monde* drehen sollte, beschlossen wir, unseren kleinen Film in Portugal zu drehen, während der Drehpausen und in Marcellos Freizeit. Aus Sorge, er könne Oliveira bei den Dreharbeiten stören, stellte Marcello eine Bedingung: Unser Team sollte ganz klein sein. Ich war sofort damit einverstanden, vorausgesetzt, daß wir mit 35 mm drehten. Mastroianni ist ein Kinostar, und ich hätte es nicht für richtig gehalten, ihn mit einer Fernsehkamera zu filmen.

Marcello rief seinen Freund, den großen Kameramann Peppino Rotunno, an. Dann erzählten wir einem befreundeten Produzenten, Roberto Ciccuto von der Mikado Film, von dem Projekt, und mit seiner Hilfe organisierten wir rasch die Reise nach Portugal. Das Team bestand aus sechs Personen.

Aber Marcellos Zurückhaltung war nicht der einzige Grund, warum wir uns auf ein derart kleines Team beschränkten. Marcello mochte kleine Sets mit familiärer Atmosphäre (davon spricht er auch an mehreren Stellen dieses Buchs). Aber in unserem Fall gab ihm die Aussicht, mit ein paar wenigen Freunden zusammenzuarbeiten, auch ein Gefühl der Sicherheit, denn niemand würde indiskrete Fragen nach seinem Privat- oder seinem Liebesleben stellen. Wer ihn kannte, weiß, wie sehr Marcello diese Seite des Ruhms verabscheute, wie sehr er sich bis zuletzt – wie er selbst sagt – von diesem »lächerlichen Etikett des *Latin lover*« verfolgt fühlte.

Ich glaube, in *Ja, ich erinnere mich* wird spürbar, wie gern Marcello erzählt und von sich erzählt, manchmal sogar mit einer Leidenschaft, als wäre es ihm ein dringendes Bedürfnis.

Marcello gefiel auch die Idee, dieses »Selbstporträt« in Portugal zu drehen, mitten in den Bergen, an einem dieser unglaublichen Orte, »die man nur beim Drehen kennenlernt« und »die einem kein Tourismusverband empfehlen würde«. Vor allem gefiel ihm die Idee, es während der Dreharbeiten zu einem anderen Film zu drehen: Unsere Arbeit würde dadurch noch glaubhafter werden, denn die größte Leidenschaft seines Lebens, sein Beruf, war genau das, was ihn zu etwas Besonderem machte. Marcello betrachtete ihn als wunderbares Privileg (»Man wird fürs Spielen bezahlt«), und bis zuletzt ist er seiner Arbeit nicht überdrüssig geworden.

»Bei großen Schauspielern braucht man nicht Regie zu führen, es genügt, ihnen zuzusehen«

Mit einem aufs Wesentliche reduzierten Team zu arbeiten bedeutete auch, nur eine einzige Kamera mit dem allernotwendigsten Zubehör einzusetzen. Und für Marcello, der am Set von Oliveira beschäftigt war, bedeutete es auch, unter enormem Zeitdruck zu arbeiten. Noch dazu spielt das Wetter in den portugiesischen Bergen oft verrückt.

Wenn man einen Blick auf das Script wirft, versteht man, unter welchen Bedingungen *Ja, ich erinnere mich* entstanden ist: Für viele Aufnahmen gibt es nur ein einzige Klappe; und wenn wir, was ganz selten vorkam, eine Aufnahme wiederholen mußten, so nie wegen eines Hängers oder eines Versprechers Marcellos, sondern aufgrund irgendeines technischen Problems oder wegen des Wetters, weil wir zum Beispiel einen neuen Film einlegen oder das Band des Recorders wechseln mußten oder weil ein Gewitter losbrach. Der Film beweist also, wie außerordentlich fließend Marcello sprach, wie meisterhaft er mit der Sprache umgehen konnte, daß er nicht nur ein begabter Schauspieler, sondern auch ein begabter Erzähler war.

Als ich einmal gefragt wurde, wie es sei, »bei Mastroianni Regie zu führen«, fiel mir ein Ausspuch von Michel Simon ein, den Marcello immer wieder mit Vergnügen zitierte: »Bei großen Schauspielern braucht man nicht Regie zu führen, es genügt, ihnen zuzusehen.« Treffender könnte man unsere Arbeit nicht charakterisieren. Nehmen wir zum Beispiel die Aufnahme, bei der Marcello von seiner Liebe zu Tschechow erzählt. Zuerst glaubt man, er spreche von sich selbst, dann stellt man fest, daß er einen Monolog aus *Onkel Wanja* aufsagt, schließlich kommt er auf seine persönlichen Erfahrungen zu sprechen, reichert sie mit kleinen Anekdoten an, verwendet sie, um die »stille Größe« von Tschechows Welt zu beschreiben; dann beginnt er darüber nachzudenken, warum Tschechow eine »Liebe auf den ersten Blick« war, warum Tschechows »Halbtöne« so sehr seinem Wesen entsprechen …

Mit einem Wort, wie bei allen Aufnahmen sitzt Mastroianni auch bei dieser vor der Kamera und spielt, erinnert sich, denkt nach, erzählt. Was vielleicht sogar die Menschen überraschen wird, die ihn am besten kannten, ist die Leichtigkeit, die Natürlichkeit, mit der er Großes und Kleines vermischt, auf belustigte oder sarkastische Bemerkungen plötzlich tiefgründige Gedanken folgen läßt, Kafka und Stendhal im gleichen Atemzug mit Anekdotischem erwähnt. Man hört – und sieht – ihm zu, und auf einmal ist es gar nicht mehr leicht – und vielleicht auch gar nicht mehr wichtig – zu unterscheiden, ob der Mensch oder der Schauspieler spricht, eine Figur aus einem Film oder Mastroianni, der tatsächlich sich selbst spielt.

Ja, ich erinnere mich

Auf unserer Klappe stand »M. M. – Selbstporträt«. Diesen Titel haben wir beibehalten, bis Marcello mit dem Rohschnitt auch jene Aufnahme gesehen hat, wo er frei assoziierend kurze Erinnerungsfetzen von sich gibt, die wir dann als Auftakt zum Film (und zu diesem Buch) verwendet haben. Er wiederholte den letzten Satz der Aufnahme und sagte zu mir: »Ich erinnere mich, ja, ich erinnere mich …

warum nicht? Das gefällt mir als Titel. Auf jeden Fall besser als ›Selbstporträt‹, das ist zu schwerfällig und auch etwas zu anmaßend: Man denkt dabei an etwas Lineares, Geordnetes. Es setzt voraus, daß man die einzelnen Abschnitte des Lebens der Reihe nach erzählt. Ein Titel wie *Ich erinnere mich* hingegen ist wie ein offener Raum, er läßt einem mehr Freiheit, auch die Freiheit, wichtige Dinge zu vergessen. Denn ›die Erinnerung ist merkwürdig, nicht? Merkwürdig wie die Liebe‹.«

Juli 1997 Anna Maria Tatò

Anmerkungen

7 Der Text lautet: »Tick-tack – was schlägt da? Es ist die Uhr des Herzens.«

8 Snaporaz heißt der Hauptdarsteller aus Fellinis *Stadt der Frauen.*

11 Der Text des Kinderreims lautet: »Ach, wie viele schöne Töchter, Madame Doré, ach, wie viele schöne Töchter.«

23 Emilio Salgari (1863–1911) gilt als der »italienische Karl May«.

38 Meister Gepetto ist der Tischlermeister aus Carlo Collodis *Pinocchio*, der die Holzpuppe schnitzt.

44 Zitat aus *Onkel Wanja* in der Übersetzung von Peter Urban (Zürich 1995).

50 In *Schade, daß du eine Kanaille bist* hatte Mastroianni einen Taxifahrer gespielt.

58 *Vitelloni*: wörtlich »große Kälber«, im übertragenen Sinn junge Müßiggänger aus der Provinz, wie sie in Fellinis gleichnamigem Film erscheinen.

71 Der Schlagertext lautet auf deutsch: »Schöne verliebte Mädchen – Die gekauften Orangen – haben einen magischen Geschmack – Sie duften nach Liebe.«

74 *Los Ruspantos*: hispanisierte Form von *ruspante* (freilaufendes Huhn).

81 Eduardo de Filippo: neapolitanischer Schauspieler und Bühnenautor (1900–1984).

105 »So möchte ich leben – mit der Sonne, die mir ins Gesicht scheint. Und ich singe glücklich.«

116 Caporetto: Dort fand eine entscheidende Niederlage des italienischen Heers im 1. Weltkrieg statt.

117 »Balilla« nannte sich die Jugendorganisation der italienischen Faschisten.

134 *Quattroruote* ist eine Autozeitschrift.

149 Gemeint ist Giulietta Masina, die Frau Fellinis.

K. F.

Register

Bildnachweis

Vincenzo Falsaperla, S. 2; Archivio Visconti, S. 20, 50, 107; Franco Castelnovi, S. 26; Grazia Neri, S. 29; Divio Cavicchioli, S. 43, 67; Reporters Associati, S. 60, 65, 69, 70, 81, 135, 139; Tazio Secchiaroli, S. 77; Sygma, S. 94.